Renate Brackhahn-Witt

Der abwesende Mann

Renate Brackhahn-Witt

Der abwesende Mann

Hoffst du noch oder
spricht er schon?

nymphenburger

www.nymphenburger-verlag.de

Schutzumschlag: Claudia S. Sanna
Schutzumschlagmotiv: Claudia S. Sanna
Satz: C. Schaber Datentechnik, Wels
Gesetzt aus 10,5/14,2 Punkt Scala regular
Druck und Binden: GGP Media GmbH, Pößneck
Printed in Germany
ISBN 3-485-01091-X
Ab 1. Januar 2007: ISBN 978-3-485-01091-7

Für Sibylle

Dieses Buch ist subjektiv, voreingenommen,
polarisierend, ungerecht, parteiisch,
polemisch, einseitig, tendenziös, verzerrt,
widersprüchlich, assoziativ, rechthaberisch – und das
mit Absicht, denn all das bin ich auch.

Renate Brackhahn-Witt

Inhalt

TEIL 2: Die Suche nach dem Tatmotiv

Teil 3: Vorsprung durch Gefühl

Vorwort

Ich bin neugierig und möchte wissen, was sich hinter den Dingen verbirgt, Geheimnisse ergründen. So folgte ich den Spuren des abwesenden Mannes, sie führten mich zu den Partnerinnen, den Töchtern, zu den Müttern, zu den Vätern – intuitive Vermutungen, persönliche Einschätzungen, ein Prozess, keine Lösung. Meine Suche nach dem abwesenden Mann ist meine subjektive Beobachtung, Beschreibung, Einfühlung und Deutung.
Ich wünsche mir, dass dieses Buch das warme, gute Gefühl vermittelt, mit der besten Freundin zu reden. Dass es Ihnen etwas zum Ablästern bietet, etwas zum Lachen, etwas zum Heulen, etwas Vertrautes, etwas zum Wundern, etwas Klagemauer, etwas Erkenntnis, ein wenig Verstehen – kleine Durchblicke, kleine Durchbrüche – keine Fast-Food-Seelen-Heilung, dafür Verbundenheit und Nähe im Wiedererkennen der Wut, des Zorns, der Tränen, des Lachens und all dieses ganzen Wahnsinns, der unser Leben so lebendig macht. Und ein dickes Dankeschön denjenigen, die diesen ganzen Schlamassel seit tausenden von Jahren so unbeirrt und zuverlässig am Kochen halten: unseren Männern!

TEIL 1

Tatbestand

Willkommen in Absurdistan!

»Frauen haken irgendwann ihre Kindheit ab und werden groß und vernünftig. Männer sind da anders. Wir können es uns heute in der Pubertät gemütlich machen, solange wir wollen.«

Nick Hornby, Schriftsteller

Mann, wo bist du?

Frauen fragen sich: »Wo ist er? Mein Partner, mein Ehemann, der Vater meiner Kinder?« Sogar wenn sie körperlich anwesend sind, sind Männer emotional meist abwesend! Also wo sind sie?
Auf jeden Fall nicht da, wo wir Frauen sie haben wollen – als allzeit verantwortliche, verlässliche, verbindliche Partner an unserer Seite. Stattdessen erzeugen viele Männer in ihren Beziehungen eine Atmosphäre permanenter Ambivalenz und Distanz. Offensichtlich sehen sie in ihren Kindern und ihren Frauen unberechenbares Konfliktpotenzial, das lästig ist und ihren beruflichen Kampfgeist schwächt. Einst wollten wir mit IHM unser Leben teilen, jetzt teilen wir den gemeinsamen Fernsehabend.

Gudrun, zweimal verheiratet, vier Söhne:

»Ich habe schon viele Männer in die Pubertät gehen, aber noch keinen herauskommen sehen.«

Der Mann an sich steckt in der Klemme. Er sitzt in seiner Pubertät fest. In seinem Kinderzimmer träumt er von ewiger Jugend, Spaß ohne Reue, Rechten ohne Pflichten, er sitzt stundenlang vor seinem Computer oder dem Fernseher, mundfaul und meist schlecht gelaunt, in der einen Hand die Fernbedienung, in der anderen sein Handy. Die Unannehmlichkeiten des Lebens werden irgendwie von anderen geregelt, meist von der Partnerin. Im »Hotel Mama« hat nur die Besitzerin gewechselt, man legt sich nicht fest, das Leben liegt ja noch vor einem und mancher feiert in seinem Kinderzimmer auch noch den 55. Geburtstag.

Ist der Nestflüchtling männlichen Geschlechts ein Relikt aus den 70er-Jahren? Gibt es jetzt wirklich die viel gepriesenen neuen Männer und bewunderten neuen Väter? Immer anwesend, voller Kuschelbereitschaft, Verständnis, Empathie und verbissen harmoniesüchtig? Haben die neuen Männer des dritten Jahrtausends die traumatische Abwesenheit ihrer Väter abgelegt wie deren bordeauxfarbene Seidenblousons und sind nun total bewusst anwesend, präsent bei der Frau und den Kindern, zeitlich und emotional? Fragt man die neuen Männer, antworten sie mit einem erstaunten »Natürlich!«. Währenddessen schnüren ihre Partnerinnen, die emanzipierte Frauengeneration der 20- und 30-Jährigen, ihre Prada-Beutel, um sich Seite an Seite mit ihren Müttern im weiblichen Jammertal an der Klagemauer niederzulassen, wo sie sich die alten Geschichten erzählen: »Ich fühle mich nicht verstanden«, »Ich fühle mich nicht wahrgenommen«, »Ich fühle mich nicht unterstützt«, »Ich fühle mich übergangen«, »Ich fühle mich ausgeschlossen«, »Ich fühle mich schlecht behandelt«, »Ich fühle mich ausgenutzt«, »Ich fühle mich belogen«, »Ich fühle mich ungeliebt«. »Desperate Housewives«, verzweifelte Hausfrauen, wie in der gleichnamigen amerikanischen Kultserie, kämpfen nicht nur in der Wisteria Lane um ihr Überleben, sondern auch im Buchenweg in Bochum.

Das Empfinden, in einem falschem Universum gelandet zu sein, bestimmt das Lebensgefühl vieler Frauen, wenn sie auf IHN blicken, den Mann, den sie einst klopfenden Herzens erwählt haben! Wir fühlen uns nicht wahrgenommen, selten gewürdigt und pendeln neurotisch hin und her zwischen Hoffnung und Verzweiflung. In unseren Partnerschaften leben wir stetig im emotionalen Defizit. Statt bei einem Mann, mit dem wir gemeinsam durch dick und dünn gehen, finden wir uns allein gelassen und »herabgeliebt« vom Weltmeister der leeren Versprechungen. Emotionale Dünnbrettbohrer – wir hingegen haben es meist »dicke« und suchen Seelenwärme bei den Schwestern der Weight Watchers.

Auch der Hollywoodregisseur Steven Spielberg hat mit seiner Nase für Zeitgeist-Themen den abwesenden Mann entdeckt. Sein Film »Krieg der Welten« ist nur vordergründig ein monumentaler Actionfilm, die eigentliche Story beschreibt die Wandlung eines ichbezogenen, verspielten Kindmannes zum verantwortungsvollen, liebenden Vater. Die knallharte Botschaft des Films ist: Um aus einem Mann einen Vater zu machen, der sich um seine Kinder sorgt, sich um sie kümmert und für ihr Überleben kämpft, helfen keine guten Worte, Ermahnungen oder gar Drohungen, sondern einzig und allein eine Invasion von riesigen Menschenblut schlürfenden Killeraliens. Und welche Frau hat die schon immer passend zur Hand?

Highlights von der Klagemauer

Da ist die Mutter, die in dem Kinoerfolg »Bridget Jones« über ihren Mann sagt: »Er würde es nicht einmal bemerken, wenn ich am Frühstückstisch mit meinem Slip auf dem Kopf dasäße!«

Und der Vater, der nach einer Urlaubswoche »mit Papa ganz alleine«, die Kleinen wieder der Mutter übergibt und ihre Empörung nicht verstehen kann, als sie bei der Begrüßung voller Unglauben in die Münder der Kinder blickt, wo gelber Pelz die Zähne umwuchert: »Habt ihr euch denn nie die Zähne geputzt?« – »Nee, und waschen brauchten wir uns bei Papi auch nicht!«

Oder der Mann, der, als seine Frau entdeckt, dass er seit zehn Jahren eine heimliche Geliebte hat, und ihm vorwirft, ein Lügner und Betrüger zu sein, erstaunt und etwas beleidigt erwidert: »So habe ich das noch nie gesehen!«

Und dann ist die Geschichte von dem werdenden Vater, der sichtlich erleichtert zur Kenntnis nimmt, dass sein Kind in Steißlage liegt und die Ärzte einen Termin für den Kaiserschnitt festlegen. So fügt sich die Geburt besser in seinen Terminkalender: »Vorher habe ich noch eine Besprechung und nachher ein Meeting, dazwischen aber passt es mir richtig gut!«

Kaum zu glauben, die Mehrheit der Bevölkerung, das sind übrigens wir Frauen, verbringt ihr Leben mit einem Phantom, genannt »Partner«. Ob Ehe-, Teilzeit-, Lebensabschnitts- oder Ex-Partner, Mr. Right hat sich als Mogelpackung erwiesen. Und so spiegeln wir uns statt in den liebevollen Augen unseres Partners in den Türen unserer Hochglanzküchen wider und fragen uns: Rechtfertigt dies bisschen mittelmäßiger Sex diesen Zustand?

Hat die Aldisierung unseres Konsumverhaltens auch unsere Beziehungen erreicht, frei nach der männlichen kapitalistischen Devise: wenig geben – viel bekommen, minimaler Input – maximaler Output? Eines steht für Frauen doch definitiv fest: Geiz ist noch nie geil gewesen!

Traute, 47, Optikerin, verheiratet, ein Sohn:

»Wir sind seit 23 Jahren verheiratet. Ich glaube, mein Mann hält unsere Ehe für eine Art Privathaftpflichtversicherung, ein kaum störender Durchlaufposten, auf den er aber in Krisenzeiten zurückgreifen kann.«

Männer erklären Partnerschaft, Ehe, Familie zur problemfreien Zone, um so zusätzliche Reibungsverluste, die ihre Karrierepotenz schwächen könnten, zu vermeiden.

Silke, 47:

»Beziehung ist nicht morgens aus dem Haus gehen und abends zurückkommen!«

Frauen reagieren auf die »Enttäuschung Mann«, indem sie entweder zu Klageweibern oder zu Schönrednerinnen, mit den Unterabteilungen der Entschuldigerinnen und der Verteidigerinnen, werden. Beide Prototypen, von denen es natürlich produktbedingte Abweichungen und Überschneidungen gibt, vermeiden dadurch ihre Gefühle von Scham, Schuld oder Wertlosigkeit, die der Tatsache erwachsen sind, sich einst den abwesenden Partner selbst erwählt zu haben. »Selber schuld« ist das Letzte, was wir morgens zu unserem Spiegelbild sagen wollen. Während typische Schönrednerinnen eher dazu neigen, ihre Zuhörerinnen sprachlos – entweder vor Neid oder Ungläubigkeit – zu machen, sind die Klageweiber meist zeitraubende Opfer-Egozentrikerinnen und somit kosmische Herausforderungen für die Duldsamkeit der besten Freundin. Dass wir ihnen trotzdem mit blutenden Ohren stundenlang zuhören, liegt vielleicht nicht nur an unserem hohen Belastbarkeitsquotienten, sondern auch daran, dass die gefürchteten Klageweiber einfach klasse Geschichten auf Lager haben. Zum Beispiel von frohen und seligen Weihnachtsfesten:

Maja bekommt zu Weihnachten von ihrem Mann Rüdiger einen Gutschein für eine Digitalkamera, mit der Begründung, dass erstaunlicherweise am 24. Dezember die Kameras im Makro-Markt alle ausverkauft waren. Während des folgenden Jahres wartet Maja vergeblich auf das noch ausstehende Geschenk. Umso verblüffter ist sie, als sie beim nächsten Weihnachtsfest erneut einen Gutschein von ihm überreicht bekommt: für eine Digitalkamera! Seine Begründung: »Stell dir vor, es war doch wieder alles ausverkauft!« Wie jedes Jahr besorgt Rüdiger erst am 24. Dezember die Geschenke für sie, seine Eltern und seine Geschwister und kommt damit natürlich in einen Superstress, außerdem lässt er Maja mit den Festvorbereitungen für 20 Personen alleine mit dem Vorwurf: »Was soll ich denn noch alles tun!«

Mit dem Thema »Tannenbaumkauf« stellen viele Männer die weihnachtlichen Familienweichen auf festlichen Krawall: Der Vater zieht mit dem Sohn los, natürlich wieder erst am 24. Dezember, und findet zu seinem Erstaunen nur noch die letzten übrig gebliebenen Krüppel vor. Da er seinem Sohn längst einmal zeigen wollte, was männlicher Kampfgeist ist, handelt er den Preis gnadenlos auf Schnäppchenniveau herunter. Beim Heimkommen erwartet er selbstverständlich, dass seine Frau ihn für diese Heldentat überschwänglich lobt. Dies kommt ihr beim Anblick des tragischen Baums nun wirklich nicht in den Sinn, sie ist den Tränen nahe. Jetzt beweist sich der Mann als der Hoffnungsträger, als den wir ihn gerne sehen würden. Er besorgt Tannenzweige aus dem Garten und bohrt den ganzen Tag Löcher in den Tannenkrüppel, in die er mühsam die Zweige steckt. Da dies eine sehr aufwändige Arbeit ist, hat er natürlich auch keine Zeit, an den sonstigen Vorbereitungen für das Weihnachtsfest der Familie teilzunehmen. Stunden später präsentiert er sein erbarmungswürdiges Machwerk stolz seiner am Rande des weihnachtlichen Nervenzusammenbruchs stehenden Gattin: »Dafür musst du mich nun aber mal richtig loben!« Daraufhin bekommt sie einen Weinkrampf, den er auch mit einem erstaunten »Hast du deine Tage?« nicht zum Versiegen bringt, im Gegenteil.

Lobe-den-Herrn-Thematik lässt viele Frauen aufheulen. Männer wollen gelobt werden, und zwar nicht nur mit einem kleinen Nebenbeilob, sondern mit einem XXL-Lobtusch, und das für Sachen, die wir Frauen, ohne nur ein Wort darüber zu verlieren, »mal eben« erledigen. Darum ist eine Frau, deren Tag aus einer nicht enden wollenden Kette von »mal eben erledigen« besteht, so verblüfft, wenn ER es nach fünf Wochen endlich geschafft hat, die leeren Getränkekästen wegzubringen, dafür aber »richtig« von ihr gelobt werden will.

»Das Herunterspielen der eigenen Leistung ist, das wissen wir aus zahlreichen Studien, typisches Frauenverhalten. Hingegen ist die Gabe, selbst noch die unbedeutends-

ten Handlungen zu etwas Wichtigem zu erheben, eine typisch männliche Fähigkeit« stellen die Sozialwissenschaftlerinnen Cheryl Benard und Edit Schlaffer in »Rückwärts und auf Stöckelschuhen« treffend fest.
Wenn der Mann abgekämpft von der Arbeit nach Hause kommt, erwartet er, dass seine Frau seinen leeren Heldentank durch Lobpreisungen wieder auffüllt, obwohl er zu müde ist, um ihr Informationen über seinen Tagesablauf zu geben, die ihr einen konkreten Anhaltspunkt für diese eingeforderte Anerkennung vermitteln könnten.
Männer gehen, im Gegensatz zu Frauen, davon aus, dass ihnen Huldigungen, auch ohne Leistungsnachweis, immer zustehen. Eine Art männliches Geburtsrecht, dem heute ihre Frauen nachzukommen haben – wie einst ihre Mütter, die ihn schließlich auch dann lobten und herzten, wenn ihr kleiner Liebling sich mal ungeschickt angestellt hatte. Und wie einst als kleiner Junge drückt er sich auch heute vor Dingen, zu denen er keine Lust hat. Eine Untersuchung des Bundesministeriums für Jugend, Familie, Frauen und Gesundheit belegt, dass Männer sich aus ihrer Familie absentieren, sobald es dort etwas zu tun gibt. Wenn wir die Männer ausklammern, deren Abwesenheit und Ruhebedürfnis sich hinter einer Pendelhubstichsäge mit Laser versteckt, dann scheinen heimische Nöte, wie Bild aufhängen, Glühbirnen auswechseln und Topfpflanzen gießen, Männern den Eindruck einer Zwangsrekrutierung zu vermitteln, der sie sich nur durch Fahnenflucht entziehen können. Zwei Vermeidungsstrategien männlicher Prägung sind die Lippenbekenntnisse: »Gleich!« und »Natürlich!«. Im männlichen Universum sind Worte Handlungen: »Nimm die Absicht als die Tat!« Diese Maxime steht auf der Richterskala des Mann-Seins ganz oben

und ist für Frauen so unverständlich wie die Sprache der Khoisaniden.
Darum kann der Mann an sich auch nicht verstehen, warum seine Liebste sich weder freut noch ihn lobt, wenn er – nach Monaten der Nerverei ihrerseits – endlich das Bild im Flur aufgehängt hat. Gut, es verdeckt nun den Lichtschalter für den Eingangsbereich, aber muss ihre Kritik deshalb gleich so destruktiv sein, seiner Leistung und seinem Einsatz für häusliche Belange so völlig unangemessen? In der Kunst, noch die kleinste häusliche Tätigkeit entweder durch absichtliche Ungeschicklichkeit zu torpedieren oder zu einem Rechtfertigungsballon aufzublasen, sind Männer unschlagbar.
Das »richtige« Lob bekommen Männer dann Gott sei Dank doch noch von einer Frau, von einer, auf die sie sich immer verlassen können: von ihrer Mutter. Seine sonntäglichen knappen Mamicalls: »Was gab's denn heute bei euch zu essen?«, an die wir ihn mehrfach erinnern mussten, dankt ihm seine Mutter regelmäßig mit tiefer Rührung und unbegründetem Lob. Ein Schwiegermutter-Verhalten, das alle unsere Erziehungsmaßnahmen an ihrem missratenen Sohn zunichte macht und somit auf unsere emotionale Verbundenheit zu ihr tiefe Schatten wirft, genau gesagt: Dafür könnten wir ihr den Hals umdrehen! Auch dafür, dass sie uns nicht vor einem der größten Eheprobleme bewahrt hat: dem Sockending!
Es gibt wohl kein Reizwort, das Frauen aller Generationen so auf die Palme bringt wie »seine Socken«! (Es ist wirklich erschütternd, aber zu uns an die Klagemauer setzte sich tatsächlich eine 19-Jährige mit den Worten: »Was ich nicht aushalte, sind seine rumliegenden Socken!«) Die Manifestation männlicher Ignoranz kulminiert in zwei

vermeintlich harmlosen Bekleidungsstücken, die aber in sich die explosive Sprengkraft tragen, aus ursprünglich verständnisvollen Partnerinnen wilde Furien zu machen. Dass der Anlass – die Socke – für sich genommen einfach lächerlich ist, ist auch uns Frauen klar. Doch bewirkt diese Einsicht, dass wir noch wütender werden, denn an dem tagtäglichen Sockendrama legen wir die Messlatte seiner Wertschätzung und Liebe an: Wieso müssen wir es ertragen, dass seine schmutzigen Socken immer verkehrt herum oder als kleine stinkige Klumpen unter dem Sofa, hinter der Toilette oder direkt vor dem Wäschekorb liegen? Warum müssen wir uns beim Entsorgen seiner durchlöcherten Socken von ihm anhören: »Kann man die nicht noch stopfen?!« Für viele Frauen sind seine hingeworfenen und liegen gelassenen Kleidungsstücke das Megafrust-Thema der Partnerschaft. Der Liebste hingegen vereinfacht sein heimisches Leben zur stressfreien Zone, frei nach dem männlichen Prinzip: »Was ich nicht sehe, brauche ich auch nicht wegzuräumen!«
Und schnell noch ein Klagemauer-Klassiker: Nach dem teuersten Friseurbesuch ihres Lebens, der ihr nach Meinung des 22-jährigen Szenefriseurs ein total neues Image verpasst hat, erwartet sie abends eine Reaktion ihres Gatten – vergeblich! Die Enttäuschung, aus seiner Wahrnehmung ausgeblendet worden zu sein, verwandelt sich auch nicht in weibliche Beglückung, wenn er auf unsere Frage »Wie findest du meine neue Frisur?« mit einem flüchtigen »Dir steht doch alles« oder gar mit »Du siehst doch immer gut aus!« antwortet. Wieso kapieren Männer es nicht, dass dies für Frauen kein Kompliment, sondern eine Beleidigung ist, die sie dazu nötigt, ihn tagelang anzumaulen? Und es tut mir Leid, es den zwei, drei Män-

nern, die dieses Buch lesen sollten, sagen zu müssen: »Ihr könnt euch noch lange nicht zu den Hoffnungsträgern des neuen Mannes zählen, nur weil ihr uns mit der Frage ›Warst du beim Friseur?‹ begrüßt. Es beweist zwar, dass ihr durchaus in der Lage seid, optische Informationen aufzunehmen, aber leider nicht, sie in eine beziehungsfördernde Aussage umzusetzen. Die da lautet: ›Die neue Frisur steht dir super!‹«

Komplimente ihrer Partner im Allgemeinen und im Besonderen sind im Leben der meisten Frauen Mangelerscheinungen. Mit erfolgreicher Beendigung der anfänglichen Brunftphase des frisch Verliebten lösen sich nicht nur schlagartig seine Tischmanieren, sondern auch seine Schmeicheleien in Luft auf. Er hat uns auf der sicheren Seite, die Jagd ist eingestellt, die Adrenalinzufuhr auf normal heruntergefahren, jegliche Anstrengung wäre jetzt für den Mann lästig und für sein Ego kontraproduktiv. Wir hingegen stehen durch das Ausbleiben der täglichen Komplimente-Dosis unter schwersten Entzugserscheinungen. Gestern noch eine Göttin, heute ein Normalo, unsere Laune sinkt auf den Gefrierpunkt, während unser Selbstwertgefühl auf Erbsengröße schrumpft und sich in unseren Herzen statt Leidenschaft Enttäuschung ausbreitet. Dabei sind wir Frauen im Gegensatz zu anderen Bereichen auf dem Gebiet der Komplimente so leicht zu befriedigen, wir glauben sofort jede Lüge, sind völlig unkritisch bei Übertreibungen und dankbar für die kleinste Anerkennung. Männer, die bekanntermaßen ein untrügliches Gespür dafür haben, wo sie mit geringem Einsatz viel erreichen, halten sich hier in erstaunlicher Weise zurück. Es steht zu befürchten, dass dies einen Grund hat, denn welchen Nutzen sollte es für ihn haben, unser Ego zu stärken, wo er doch

seine ganze Kraft für die Maximierung seines eigenen bündeln könnte?
Zum Katalog der größten Ärgernisse gehört auch die Wo-Frage. Die Frage »Wo ist die Butter?« soll eine entnervte Frau schon mal mit »Wie immer, im Schuhschrank« beantwortet haben. Als er daraufhin erwidert »Seh ich nicht!«, soll sie angeblich die Scheidung eingereicht haben! Zur partnerschaftlichen Zerreißprobe werden außer den Wo-Fragen auch die Was-Fragen: »Was soll ich anziehen?« – »Was essen wir heute Abend?« – »Was soll ich tun?« Getoppt werden kann dies nur noch durch: »Was soll ich denn sonst noch alles tun?«
Zwar hofften wir, dass mit Aussterben der Mutti-Generation keine Frau mehr ihrem Mann die abendlichen Brote in mundgerechte Bissen schneidet, doch die Auswahl des karriereförderlichen Schlips ordnen die Männer auch heute noch dem Dienstleistungsspektrum der Frauen zu. Immer wieder beliebt ist das Thema Geschirrspülmaschine. Ich kenne keine Frau, die es begreift – und wir wollen es begreifen, dann könnten wir wenigstens statt hilflosem Zorn geläutertes Mitgefühl haben –, warum Männer das schmutzige Geschirr, manchmal sogar verblüffend ordentlich, »auf« die Geschirrspülmaschine stellen und nicht in sie hinein. Klappenphobie? Demonstrieren sie hier ihre Unabhängigkeit, ihre Autonomie? Oder sind sie schlichtweg faul? Aber wahrscheinlich klingelte gerade mal wieder ihr Handy und rief sie zurück in die Welt der wirklich wichtigen Dinge.
Thema Handy: Welche Frau hat nicht schon verblüfft miterlebt, wie ihr müder, schlaffer, überarbeiteter, schweigender, abwesender Liebster beim Klingeln des Handys wie unter Zauberhand zu einem agilen, munteren, strah-

lenden und sprechfreudigen Wesen mutiert. Doch nur, um nach Beenden des Gesprächs sofort in den alten tumben Zustand zurückzufallen. Auch bei den heftigsten Auseinandersetzungen, während er sich darauf konzentriert sich auszuschweigen: Wenn sein Handy klingelt, kann der eben noch Stumme mit den »Worten« »Nein, du störst gar nicht!« wie auf Knopfdruck heiterst plaudern, während die Frau von ihrem Wortschwall abgeschnitten in ihrer Wut festklemmt. Dabei müssten doch gerade die Männer wissen, wie ärgerlich ein Interruptus ist …

Und nun zur moderneren Variante des Sockendramas: der Fernbedienung! Zu diesem Horrorthema möchte ich Ihnen eines meiner Lieblingszitate von Cheryl Benard und Edit Schlaffer aus »Ohne uns seid ihr nichts« nicht vorenthalten: »In den Augen der meisten Männer hätte Gott aus der Rippe Adams nicht eine Frau, sondern ein Fernsehgerät mit Fernbedienung machen sollen.« Nirgendwo zeigt sich das männliche Desinteresse an Inhalten und die kindliche Freude daran, etwas zu zerstören, so deutlich wie beim Zappen von einem TV-Programm zum nächsten. Währenddessen gehen wir die Wände hoch, da unser mehrspuriges weibliches Hirn gezwungen ist, sofort jeden angezappten Wort- und Bildfetzen in einen Sinnkontext zu stellen, um entscheiden zu können, ob wir das Programm weitersehen wollen oder nicht. Dazu kommt es allerdings selten, da in der Regel das einspurige Gehirn neben uns seine bedrohlich schwindende weltliche Macht mithilfe des Fingers am Abzug der Fernbedienung noch einmal gnadenlos auslebt: Herr über die Programme, über die Menschen im Fernseher, über die Welt und über uns. Größenwahn in Socken, wir sollten

statt Wut Mitleid haben und uns einen eigenen Fernseher kaufen.
Trotz seiner Abwesenheit, mit der wir uns nie abfinden werden, an die wir uns jedoch leider gewöhnt haben, gelingt es diesem Typ Mann, uns mit seiner Ambivalenz doch noch zu überraschen: Total verwirrend wird das Verhalten eines abwesenden Mannes, wenn er nicht nur den Eindruck erweckt, er höre zu, sondern man bei Testfragen feststellen muss, er hat das Gesagte diesmal tatsächlich behalten! Jetzt schließen Frauen daraus, dass er sich geändert hat (hi,hi!), unsere Worte für immer behalten wird, er sie jederzeit abrufen kann – denn so funktioniert unser weibliches Gedächtnisprogramm. Wir vergessen nie, was unser Liebster einmal zu uns gesagt hat, und können es noch Jahre später wortgetreu wiedergeben! Und schon sitzen wir in der Falle, denn schon 14 Tage später kann er sich an nichts mehr erinnern: »Das hast du mir nie gesagt!« Frauen müssen zur Kenntnis nehmen, dass Männer nur ein winziges Zwischenlager des Verständnisses für die Belange der Frau installiert haben. Damit es nicht zu voll wird, muss es regelmäßig geleert werden, denn sonst entsteht im Manne an sich Verwirrung. Und das kommt gar nicht gut, verwirrt ist er ohnehin schon genug!
Um seine Desorientierung erfolgreich zu tarnen, greift er auf seit Generationen erprobte Strategien zurück, wie das besagte Nichtzuhören, das Besserwissen, das Desinteresse oder den zynischen Frontalangriff auf das weibliche Selbstwertgefühl durch Lächerlichmachen in der Öffentlichkeit. An der weiblichen Klagemauer kennt man das gut: »Sie ist immer so ungeschickt!«, verkündet er lautstark in der Runde der Abendgesellschaft, nachdem wir

aus Versehen ein Rotweinglas über das weiße Damasttischtuch der Gastgeberin gegossen haben. Entwertung, das Bloßstellen vor Freunden und vor der Familie, all dies läuft oft sehr subtil ab und tarnt sich gerne als lustige, geistreiche Bemerkung, die abzuwehren nur weitere Demütigungen nach sich zieht: »Sie versteht einfach keinen Spaß!«

Oder das männliche Wort-Abschneiden: Du redest dich gerade in Fahrt, berücksichtigst diverse Teilaspekte, vermittelst pointiert die vielen subjektiven Sichtweisen, Standpunkte und Hintergründe aller Beteiligten mit dem Ziel, ein objektives Bild des Gesamtproblems zu präsentieren – und der Mann an deiner Seite kappt desinteressiert deine Eloquenz mit den Worten: »Worum geht's denn eigentlich?« Genervt stellt er klar, dass er es für die Lösung eines Problems nun wirklich nicht nötig hat, die Befindlichkeit des Gesamtsystems von dir vermittelt zu bekommen, was er braucht, sind Fakten, Fakten, Fakten.

Männer benötigen wie Kinder klare Ansagen, keine versteckten Codes, als die sie unsere differenzierten Mitteilungen empfinden. Die Behauptung von Konfliktforschern, dass Frauen dazu neigen, sich ungenau und verschleiert auszudrücken, mag stimmen, aber eben nur für Konfliktforscher, die ja offensichtlich dem männlichen Geschlecht angehören und uns somit nicht verstehen können! Ich bin mir sicher, dass weibliche Konfliktforscherinnen unsere Absichten klar und deutlich verstanden hätten. Jeder Frau ist es absolut klar, dass die Frage »Hast du Durst?« bedeutet, dass sie selbst dringend etwas trinken will!

Wo wir uns nach männlicher Kompetenz sehnen, ernten wir zumeist Überheblichkeit:

Frau: »Ich habe in der Stadt ein sensationelles und supergünstiges Sofa gesehen!«
Mann: »Das brauchen wir nicht!«
Frau: »Ich erzähl doch nur, was ich Tolles gesehen habe!«
Rückschluss des männlichen Systems: sehen = als gute Beute erkennen, folglich: kaufen = Mammut erlegen. Dabei haben wir nur versucht, ihm zu vermitteln, was uns bewegt, uns fasziniert und das bedeutet nicht, dass wir es auch erlegen und in unsere Höhle schleppen müssen.
Ihrer ist nicht so? Herzlichen Glückwunsch! Legen Sie erleichtert die Lektüre zur Seite, denn in einem Buch »Torten nach Landfrauenart« würden Sie ja auch nicht nach scharfen Currygerichten suchen. Genießen Sie Ihren privilegierten Zustand an der Seite des neuen Mannes. Ein Typus, der verheiratet ist und mit 33,1 Jahren zum ersten Mal Vater wird, durchschnittlich mit seinem Kind unter drei Jahren am Tag vier Stunden und neun Minuten (!) verbringt (Donnerwetter, vier Stunden und neun Minuten, ein statistischer Übervater? Ich vermute, diese beeindruckenden Zahlen liegen in männlicher Logik begründet, indem die angegebene Zeit auch gemeinsame Fernseh-, Computer- wie auch Schlafenszeiten beinhaltet).
Die Wochenzeitung DIE ZEIT stellte erstaunt fest: »Familienflüchtling? Tyrann? Der neue Vater ist anders. Er ist da, er ist lieb – und er ist eine Katastrophe«. Ist der sehnsüchtig erwartete neue Mann kuschelweich und konfliktscheu?
Familie, das ist ein Balanceakt zwischen Regeln und Flexibilität, der bei Frauen die Vermutung erweckt, in einen nicht enden wollenden intergalaktischen Belastbarkeitstest geraten zu sein.
Frauen streben nach Perfektion: Top-Figur, Top-Karriere, Top-Mann, Top-Kinder, Top-Wohnung, Top-Freunde, Top-

Leben. Von dem Vierjährigen, der schon fließend Englisch spricht, bis zur angesagten Hermes-Tasche, vom selbstgemachten Fünf-Gänge-Menü bis zum Tantra-Energetics-Wochenende. Frauen manövrieren sich in einen Teufelskreis aus Scham und schlechtem Gewissen, weil sie ihrem eigenen Anspruch nicht genügen und sich als Versager fühlen, wenn sich ihre alltäglichen Höchstleistungen nicht in Top-Ergebnissen ausdrücken. Doch diese immer zu erreichen, ist so unmöglich, wie bei Aldi um die Ecke George Clooney zu treffen.
Es ist der Mangel an Gefühls-Back-up, der Frauen glauben lässt, in Mutter-ist-allein-zu-Haus vergessen worden zu sein und in einem Meer von Verantwortung und mühseligem Alltagskram ums Überleben kämpfen zu müssen. Der Mann indes will sich bei seinen gelegentlichen Gastauftritten im Familienheim nicht festlegen, denn daraus könnten von Seiten der Frau und den Kindern Ansprüche erwachsen, die seine männliche Freiheit einschränken könnten, frei nach dem Motto: einmal Müllrausträger, immer Müllrausträger!
Frauen wollen im Gefühlsleben ihres Partners die erste Geige spielen. Dies tun sie wahrscheinlich auch, aber ganz anders, als sie es sich erträumen: Viele Männer fühlen sich von ihren Partnerinnen dominiert, bevormundet, kontrolliert und sind von Frauen im Allgemeinen und von der eigenen im Besonderen vor allem eins – genervt!
Im weiblichen Universum sind Beziehungen selbstverständlich geprägt von Anteilnahme, Mitgefühl, Sympathie und Austausch. Dessen ungeachtet findet sie sich am Frühstückstisch wieder mit einem Wesen vom anderen Stern; einem Wesen, das sie bestenfalls abwürgt, schlechtestenfalls anschweigt.

Noch eine Das-glaubst-du-nicht-Geschichte: Auf meine Frage »Hörst du mir überhaupt zu?« folgt sein obligatorisches »Natürlich«. Nur um mir zu beweisen, dass er genau das nicht macht, sage ich: »Die Waschmaschine geht wieder, der Monteur war heute da, es ging ganz schnell, zwischendurch haben wir noch 'ne klasse Nummer geschoben, das Zulaufrohr hatte sich verkeilt, nun läuft sie wieder!« Darauf er: »Was hat es gekostet?«

Haben Männer ADS? Das Aufmerksamkeit-Defizit-Syndrom vorpubertärer, quengeliger Jungen? Ist es eine pathologische Wahrnehmungsstörung oder ein simpler Trick, die unangenehmen, lästigen Dinge des Alltags nicht an sich herankommen zu lassen – oder schlichtweg Faulheit? Eine Faulheit, die sie schon erfolgreich gegen Mama eingesetzt haben, indem sie ihre Ermahnungen, Zurechtweisungen und Bitten einfach ignoriert haben.

Sogar der eher dem männlichen Prinzip verpflichtete SPIEGEL (Nr. 49/1. 12. 03) widmete dem Phänomen der emotionalen Abwesenheit eine Titelgeschichte von Veronika Hackenbroch mit dem Titel »Seele aus Eis. Die Erforschung der Gefühlsarmut« und fragt: »Warum sind Männer emotional weniger empfindsam?«. Frauen, die schon angefangen haben zu glauben, sie seien Gefühls-Junkies, können nach diesem SPIEGEL-Artikel erleichtert aufatmen: »Alexithymie« nennt sich die Unfähigkeit, Gefühle bei sich und anderen wahrzunehmen und darüber zu sprechen, eine Art »Gefühlsblindheit«. Tatsächlich scheinen sich die Gefühlswelten von Mann und Frau grundlegend voneinander zu unterscheiden. Eine Psychotherapeutin: »Ich habe nur selten Alexithyme behandelt – aber ganz oft deren depressive Ehefrauen.« Wohl kaum ein psychologisches Phänomen erschüttert die Basis menschlichen Miteinanders so grundlegend wie die Gefühlsblindheit. »Denn jede Anteilnahme an unseren Mitmenschen«, so der amerikanische Traumatherapeut und Alexithymie-Forscher Henry Krystal, »gründet sich auf die Annahme, dass die emotionalen Reaktionen der anderen genauso funktionieren wie unsere eigenen«. Zum Schluss des Artikels dann die knallharte Frage der Autorin: »Lässt sich demnach – obwohl es natürlich durchaus auch gefühlsblinde Frauen gibt – das Hirn des Alexithymen als Extremform des Männlichen deuten?« Gefühlsblindheit als Extremform! Genau mit diesem Alltagsmodell verbringen viele Frauen ihr Leben – der Spezies des anwesenden, aber emotional abwesenden Mannes.

Dieser Typus, der auf die Frage, wo er sich am liebsten aufhält, »im Baumarkt« erwidert, zieht mitten in unserer Erzählung über die Beziehungsprobleme der besten Freundin sein Handy aus der Tasche und legt es auf den Tisch, um es von nun an lauernd zu beäugen. Glückwunsch der Frau, die ihm daraufhin mitteilt, dass sie gerne seine ganze Aufmerksamkeit bei dieser, ihr sehr wichtigen, Angelegenheit hätte. Garantierte Antwort: »Ich höre dir zu!« Antwort der Frau, die jetzt schon nicht mehr so gut drauf ist: »Woher soll ich das wissen, wenn du immer auf dein Handy schielst?« Er: »Ich kann beides gleichzeitig!« Und das ist der Treppenwitz schlechthin, denn eins steht fest: Männer können nur eine Sache auf einmal! Und dieses schmale Bewusstseins-Fenster will er doch nicht an Gefühlswelten vergeuden, die ihm weder zugänglich sind noch zweckmäßig erscheinen. Da hält er sich doch lieber an die altbewährten Überlebensstrategien getreu der männlichen Dreifaltigkeit: »Nichts sehen, nichts hören, nichts sagen.«

So bleibt der Mann an sich emotional unzugänglich, mit einem Gefühlsleben wie ein Kaktus, an dem sich Frauen die Seele wund reiben. Im Laufe der Zeit sind sie schon dankbar, wenn sie ihm statt Anteilnahme wenigstens Fairness abringen. So steht zu befürchten, dass das, was manche für eine Beziehung halten, in Wirklichkeit eher einem pathologischen Krankheitsbild gleicht.

Getrennte Welten

Die GfK-Marktforschung (2001) hat herausgefunden, was Partner aneinander am meisten stört;
SIE nervt:
- Ich muss immer hinter ihm herräumen.
- Nie sagt er mir, wie wichtig ich ihm bin.
- Er bringt mir nur selten Blumen mit.
- Er redet zu wenig mit mir.

IHN nervt:
- Immer will sie alles ganz genau von mir wissen.
- Beim Einkauf von Kleidung und Kosmetik braucht sie so lange.
- Sie hat immer irgendetwas, das ich erledigen muss.
- Ich soll immer anrufen, wenn es einmal irgendwo etwas länger dauert.

Ihr Hauptvorwurf ist seine chronische Nichtbeachtung ihrer Person, seiner das Gegenteil: »Immer will sie etwas von mir!« Ist der aufmerksame Mann eine Utopie? Oder schließen sich Aufmerksamkeit und Mann gegenseitig aus wie ein eckiger Kreis?
Eine der vielen getrennten Welten von Männern und Frauen liegt auf dem Esstisch, denn was Lebensart be-

trifft, befinden sich viele Hetero-Männer noch auf der Stufe eines Entwicklungslandes. Da werden unbekümmert Wurst und Käse mitsamt der hässlichen Supermarktverpackung zwischen die Designer-Kerzenleuchter geknallt, da werden munter Messer abgeleckt, Teller und Servietten als überflüssig angesehen, das Bier lässig aus der Flasche getrunken und der weibliche Protest als Torpedierung »eines richtig schönen Abends« vom Tisch gewischt.

Eine andere der getrennten Welten beschreibt meine Freundin Iris: Sie und ihr Mann Rüdiger haben sich ein halbes Jahr beurlauben lassen, er will endlich seine Dissertation fertig schreiben, sie ihren Roman. Feste Arbeitszeiten wurden verabredet, es gibt eine Putzfrau, zwei Katzen, keine Kinder – gute Rahmenbedingungen, das Projekt durchzuziehen. Nach zwei Monaten sehen die Welten der beiden wie folgt aus: Rüdiger leidet unter einer schweren Schreibblockade, darum raucht er wieder, sitzt übel gelaunt und nervlich am Ende in seinem Arbeitszimmer. Iris dagegen ist seit 14 Tagen überhaupt nicht mehr zum Schreiben gekommen: Die Katze übergab sich mehrmals – natürlich war es Rüdiger in seinem Zustand nicht zuzumuten, zum Tierarzt zu fahren, geschweige denn der sich strikt weigernden Katze anschließend alle zwei Stunden 20 Tropfen Medizin ins Maul zu tröpfeln; die polnische Putzfrau meldete sich krank, sie hatte sich im Sonnenstudio den Arm gebrochen; Susannes Mutter war mit einem Oberschenkelhalsbruch ins Krankenhaus eingeliefert worden und forderte Trost, Anteilnahme und Lesebrille ein. Dass Iris nebenbei noch die Wäsche machte, einkaufte, Essen kochte und Rüdiger nicht nur mit Kaffee versorgte, sondern als kollegialer und liebevoller Motivator ihm aus seinem schöpferischen Tief herauszu-

helfen versuchte, brauche ich für weibliche Leserinnen wohl nicht weiter auszuführen.
Wie konnte es so weit kommen und vor allem, wer hat Schuld, dass wir in Beziehungen mit männlichen Energiefressern hängen, gefangen in einer eigenartigen Mischung aus Faszination und Unverständnis? Wenn wir hier auf unsere Partner hören würden, dann wäre die Antwort knapp und klar – männlich eben: Schuld sind wir, ihre Frauen und Partnerinnen! Wenn wir endlich damit aufhören würden, Sand in das Getriebe einer friedlichen Beziehung zu werfen, sie – die Männer – ständig mit unseren Forderungen zu nerven, ihre Versprechungen wörtlich zu nehmen und wenn wir auch noch mehr Lust auf frühmorgendliche Blow-Jobs hätten, dann wäre alles ganz einfach und die Welt – ihre – in Ordnung! Tatsache ist, dass wir wirklich das Unmögliche wollen – warum kann er nicht einfach so sein wie unsere beste Freundin: verlässlich, loyal, jemand, bei dem wir uns geborgen, sicher und akzeptiert fühlen und auf den wir uns 100prozentig verlassen können. Ist das so schwer? Was ist daran so schlimm, dass ER für uns alles sein soll: Partner, Geliebter, Vertrauter, Freund? Und was kann daran falsch sein, sich in einer Beziehung sicher, aufgehoben und geachtet fühlen zu wollen? Und vor allem: Was soll falsch daran sein, miteinander zu reden!? Meinen eigenen Mann frage ich in Stunden des gemeinsamen Schweigens: »Ist heute mal wieder alles gesagt?«
Fest steht, Frauen können noch so einfach konstruiert sein, Männer verstehen sie trotzdem nicht. Und dabei ist es ganz simpel: Wir wollen, dass Männer fühlen, genauso wie wir fühlen, wir wollen, dass sie uns wahrnehmen, genauso wie wir sie auch wahrnehmen, wir wollen, dass sie

uns lieben, so wie wir sie lieben. Wir wollen, dass sie dies auf die gleiche Art und Weise zum Ausdruck bringen, wie wir es tun. Wir wollen, dass sie so sind wie wir: einfühlsam, tatkräftig, verbindlich, verantwortungsvoll – und nicht im Restaurant in der Nase bohren. Ist das zu viel verlangt? Wohl kaum!

Warum können Männer es nicht begreifen, dass eine Woche lang im Flur stehende Flaschen (Sie: »Kannst du die Flaschen wegbringen?« Er: »Mach ich morgen!«) die Partnerin zu einem Megastreit veranlassen, »nur wegen dieser paar dämlichen Flaschen!«

Wo sind die entscheidungsfreudigen Alphatiere geblieben, die mit einem »Mir nach!« zwar Generationen von Männern in sinnlose Kriegsgemetzel geführt haben, aber sich bei sonntäglichen Familienausflügen als zielstrebige Führernatur qualifizierten? Männer, und vor allem die neuen Männer, haben diese überholte Rolle mehr oder weniger freiwillig in die Mottenkiste der Vergangenheit gelegt. Nun stehen sie mitten in unserem Leben und wissen nicht mehr, wer sie sind und was sie da sollen. Auslaufmodelle, ohne Vorbild, ohne Durchblick und immer bemüht, dass niemand ihre Verwirrung bemerkt: Männer gehen aus dem Raum, schalten das Licht aus und lassen ihre perplexe Frau im Dunkeln sitzen. Oder, noch besser, der Ehemann dreht beim morgendlichen Verlassen des Hauses die Heizung herunter und lässt seine frierende Familie zurück. Der männliche Makrokosmos fährt ins Büro, frei nach dem Motto: Ich gehe aus dem Haus, ich spare Energie.

Die kindliche Ichbezogenheit und die Fähigkeit, unwichtige Dinge auszublenden, mag im harten Überlebenskampf der Neandertaler von Nutzen gewesen sein, heute reagieren Ehefrau und Kinder auf Egozentrik, Unhöflichkeit und Starallüren jedoch allergisch. »Mein Gott bist du empfindlich!« Dieser Vorwurf wird von männlicher Seite gerne gemacht, wenn die weibliche Seite sich verletzt fühlt und dieses mehr oder weniger heftig zum Ausdruck bringt. Die männliche Logik ist hier klar zu erkennen: Wenn sie nicht so ausrasten und ihn beschuldigen würde, ein Emotionalzombie zu sein, gäbe es auch kein Problem!

Die Linguistikprofessorin Deborah Tannen, Verfasserin des Bestsellers »Du kannst mich einfach nicht verstehen«, hat in langjährigen Untersuchungen an der Georgetown Universität in Washington festgestellt, dass es nachweisbare Unterschiede zwischen der Sprache von Männern und Frauen gibt. Frauen haben eine »Beziehungssprache«, die zum Ziel hat, Konflikte zu vermeiden und Einverständnis und Intimität herzustellen. Männer hingegen benutzen die Sprache vorwiegend, um Informationen auszutauschen und Hierarchien auszuhandeln, wie zum Beispiel durch: »Alle Audi-Fahrer sind Idioten!« Statt Fragen zu stellen, stellen sie fest. Sollte ihnen ausnahmsweise der Zugang zu Informationen verwehrt sein, dann stellen sie eben Hypothesen auf, was ihrer Dominator-Position eher entspricht als keine Ahnung zu haben.

Er: »Du warst heute beim Steuerberater!«

Sie: »Nein!«

Er: »Ach ja, du hast dich mit Birgit in der Stadt getroffen!«

Sie: »Nein!«

Er: »Stimmt, du bist in die Redaktion gegangen!«

Sie: »Nein! Warum fragst du nicht einfach, was ich heute gemacht habe!«

Er (sehr gequält): »Okay! Was hast du heute gemacht?«

Sie: »Ich war beim Zahnarzt, dann habe ich den Wagen zur Reparatur gebracht, dann ...«

Die Erkenntnis, dass wir nicht nur in unterschiedlichen Universen, sondern dazu noch mit unterschiedlichen Sprachcodes leben, sollte uns eigentlich die Aussichtslosigkeit, den Mann an sich in unsere Welt integrieren zu wollen, klar machen. Aber das Gegenteil ist der Fall, denn zu den bestechendsten weiblichen Eigenschaften gehört, nie die Hoffnung aufzugeben und die Fähigkeit, uns wie bei unseren Kindern über die kleinsten Entwicklungsschritte zu freuen: zum Beispiel, dass der Gatte seit kurzem im Sitzen pinkelt.

Um emotional nicht bankrott zu gehen, müssen Frauen mit Frauen reden, Erfahrungen austauschen, seelische Unterstützung erhalten und sich verbunden fühlen. So ist es nicht weiter verwunderlich, dass Frauen pro Tag etwa 5000 Worte benutzen, wie Untersuchungen ergeben haben. Männer hingegen benötigen nur 2000 Worte, um sich in der Welt durchzusetzen und zu positionieren. Erstaunlich viel, denn dabei gilt es zu berücksichtigen, dass sie im heimischen Bereich mit etwa 50 Worten auskommen und keine endlosen Wortwiederholungen benötigen wie wir, um Kinder und Ehepartner zu sozial verträglichen Wesen zu erziehen. Die verbleibenden 1950 Wörter stehen ihm somit für Beruf und Vergnügen zur freien Verfügung, während wir an der Klagemauer unser Wörter-Depot zusätzlich strapazieren. Gespräche sind für Frauen außerdem Ausdruck liebevoller Zuwendung und ein Mittel, die Trennung von anderen Menschen aufzuheben. Darum verstehen wir auch nicht, dass unsere Männer Gespräche über Probleme als unausgesprochene Bitte unsererseits um pragmatische Lösungsvorschläge ihrerseits interpretieren. Männer lösen gerne Probleme, besonders gerne unsere, auch dann, wenn wir sie nicht darum gebeten haben. Wir hingegen wähnen uns in differenzierten Prozessen mit unseren Mitmenschen:

Sie: »Du glaubst nicht, mit welchem Blick der Boss während meiner Präsentation dagesessen hat, und natürlich hat die Neue ...«

Unterbrochen wird sie von dem Mann an ihrer Seite mit: »Du musst die Abteilung wechseln!«

Sie: »Darum geht es nicht!«

Er: »Worum denn?«

Sie: »Es geht darum, dass ich das Ganze heute Morgen hinschmeißen wollte!«

Er: »Sag ich doch!«

Sie: »Du verstehst mich nicht, du fragst mich gar nicht, wie ich mich dabei gefühlt habe!«

Dass Männer uns Frauen »Gefühlsduselei« vorwerfen, ist gemein! Besonders gemein, weil Empathie die Kunst ist, in der wir es wirklich in tausenden von Jahren zur Perfektion gebracht haben, im Reich der Gefühle kann uns keiner etwas vormachen!

Doch es gibt Hoffnung, dass Männer neue Wege aus ihrem Gefühlsdefizit beschreiten und bereit sind, sich den eigenen Emotionen zu öffnen. Der Brite Paul Hurley, 25, setzt in der brachliegenden Wüste männlicher Emotionen ein mutiges Fanal, wie die Süddeutsche Zeitung (20. 9. 04) berichtet: »Der Künstler hat neun Tage versucht, die Gefühle eines Regenwurmes nachzuempfinden. Dazu lag er eingewickelt in Frischhaltefolie, nur mit Badehose bekleidet, in einem Matschloch, knabberte ab und zu an einem Blatt und aß Erde. Vorbeikommende Kinder fragten ihn, was er da tue – Hurley schwieg beharrlich. Ein Wurm spricht eben nicht. Das Projekt gehöre zur Happeningserie ›Zum Wirbellosen werden‹ und diene der ›Erforschung von Erde und Schmutz‹, erklärte er der Times.«

Hut ab, Mister Hurley, vor diesem beeindruckenden Schritt in die emotionale Welt schädelloser Weichwürmer. Doch würden nun alle Männer mit ihrer Gefühlsevolution bei wirbellosen Darmtieren starten, wie sollten sie je bei uns im dritten Jahrtausend ankommen, da sie bekanntermaßen drei Wochen benötigen, um die leeren Flaschen zum Container zu bringen?

Bis die Männer uns eingeholt haben, nutzen wir als Expertinnen auf dem Gebiet der Naturkraft der Emotionen unseren »Vorsprung durch Gefühl« und sind somit in allen postmodernen Jobs hochgefragt, die als Bewerbungskriterium »soziale Kompetenz« für unerlässlich voraussetzen. »Die Informations- und Servicegesellschaft erfordert Qualitäten, die Frauen aufgrund ihrer Sozialisation eher mitbringen als Männer: Talent für Kommunikation und Teamwork, Dienstleistungsbereitschaft, hohe soziale Kompetenz«, stellt GEO Wissen (09/00) fest und weiter: »Die einstigen Malocher der Industriegesellschaft werden nicht mehr gebraucht, weil ihre Qualitäten – vor allem: Muskelkraft – nicht mehr gefragt sind.« Demnach sind wir Frauen die Gewinner auf dem Arbeitsmarkt der Zukunft, während traditionelle Männerberufe, Männerrollen und somit auch der Mann an sich zum Hemmschuh der Evolution wird. In der Sinnkrise ihrer männlichen Identität suchen Männer nach Schuldigen für diesen Zustand und da bietet sich außer dem fernen Bundeskanzler und dem nicht immer bereit stehenden Ausländer doch eher Naheliegendes: die Ehefrau!

Was wollen die Frauen eigentlich?

Die Antwort ist simpel: IHN ändern!

In einer Umfrage für die Zeitschrift ELLE (2003) gaben 47 Prozent der Frauen immerhin zu, sich erstmal statt Mr. Right den Falschen ausgesucht zu haben, um ihn dann anschließend ebenso unermüdlichen wie vergeblichen Umerziehungsmaßnahmen auszusetzen. Und wenn trotz aller Mühe aus dem wortkargen Gefühlsverweigerer an ihrer Seite kein redegewandter Traummann geworden ist, greifen Frauen zu jedem Mittel – vom Fettabsaugen bis zur Selbsterfahrungstherapie, von Tarot bis Tantra –, um ihre dahindümpelnde Schicksalsgemeinschaft wieder flott zu bekommen. Wir sind wahre Weltmeisterinnen im »sich Mühe geben«.

Jede Frau sucht erst einmal die Fehler für ihre Beziehungstiefs bei sich selbst, eine Reflexreaktion, eine Art Abwehrschwäche ihrer weiblichen Gene. Sollten wir den Fehler partout nicht bei uns finden, schnappen wir uns potenzielle Leidensgenossinnen, also jede greifbare Freundin, um gemeinsam das Rätsel »Mann« zu knacken. Damit sind wir beschäftigt, doch endlose Latte-Macchiato-Stunden und Telefonate schaffen zwar schwesterliche Verbundenheit, aber keine Lösung. So werden an die weibliche Klagemauer tagtäglich neue Beschwerden gehämmert: Verbindlichkeit ist für ihn ein Fremdwort, er hat am Leben der Familie so gut wie keinen Anteil, er ist nie da, er ist gleichgültig, er ist faul, selbstsüchtig, verwöhnt und feige, er legt sich nicht fest, er beschäftigt sich nicht mit den Kindern, er ist konfliktscheu, er ist nicht greifbar, er vergisst familiäre Absprachen und Termine, er stellt sich bewusst ungeschickt an, er wirkt unbeteiligt, er

kann nicht planen, er stellt sich dümmer an als er ist, zu Hause ist er lebensunfähig, er verachtet mich, er honoriert meine Leistungen nicht usw., usw. ...
Sagte die Schwiegermutter zur Schwiegertochter (1950!), als diese sich beschwerte, von ihrem Mann kein Taschengeld zu bekommen: »Du hast zu essen, ein Dach über dem Kopf und einen netten Mann, was willst du noch mehr?!«
Ja, was wollen wir denn eigentlich noch mehr? Vor allem weil uns dieses Mehr-von-ihm-Wollen unendliche Kraft kostet, die wir lohnender für etwas Besseres, wie zum Beispiel für uns selbst, verwenden könnten, und weil es darüber hinaus völlig sinnlos ist. Nicht nur der gruselige Ex deiner besten Freundin wird sich nicht ändern, sondern auch dein eigener Mann nicht. Willkommen in der Realität!
Vielleicht glauben Männer, dass sie durch ihre Abwesenheit eine Art Unverwundbarkeit erlangen, die sie vor den Folgen ihres Verhaltens bewahrt. Im männlichen Universum gilt dann die Regel: Teilnahmslosigkeit = Schuldlosigkeit. Das bestätigen auch Cheryl Benard und Edit Schlaffer in »Sagt uns, wo die Väter sind«: »Da der Vater nicht da war, ist er auch nicht schuld. Er kann es nicht gewesen sein, der die Fehlentwicklung seiner Töchter und Söhne verursacht hat, denn er hat ja ein hieb- und stichfestes Alibi: Er war nicht anwesend.« Offensichtlich ist bei der Einreise versäumt worden, unsere Männer darauf hinzuweisen, dass laut § 323 c des Strafgesetzbuches auf diesem Planeten unterlassene Hilfeleistung mit bis zu einem Jahr Haft bestraft werden kann, dagegen Verlässlichkeit und Verbindlichkeit die Grundvoraussetzungen jeder zwischenmenschlichen Beziehung sind.

»Was wollen die Frauen eigentlich?« Merkwürdig ist, dass Männer diese Frage nie der Frau an ihrer Seite stellen, die sie ihnen sehr genau beantworten könnte, sondern als Postulat in den Raum werfen. Dieser Raum ist meist mit Männern gefüllt, die diese Frage mit einem großen Schluck aus einem Bierglas als beantwortet betrachten. Männer werfen diese Frage auch gerne in den Raum einer Familienfeier, wo Onkel Klaus sich garantiert wieder aufgerufen fühlt, ein sexistisches, dumpfbackenes Bonmot zu platzieren. Auch hier zeigt sich wieder, dass Frauen und Männer aus unterschiedlichen Galaxien kommen. Für Männer ist die Frage »Was wollen die Frauen eigentlich?« eine Feststellung weiblichen Wahnsinns, für Frauen hingegen ist diese Frage eine Frage und Fragen sind dazu da, beantwortet zu werden: Wir Frauen wollen, dass Männer sich wie Erwachsene verhalten und die Verantwortung für ihr Handeln übernehmen, zu ihren Entscheidungen stehen, wissen, dass es keine Rechte ohne Pflichten gibt, dass auch sie hin und wieder Dinge tun müssen, die ihnen keinen Spaß machen, dass sie zu Kompromissen bereit sind, um eine Lösung zu finden, dass sie Rücksicht auf andere, vor allem auf uns, nehmen, somit bereit sind, auch einmal ihre Bequemlichkeit zurückzustellen, und akzeptieren, dass die Welt und vor allem die Frau an ihrer Seite nicht ihre Bedürfnisbefriedigungsmaschine ist, sondern auch Beachtung und Respekt erfahren möchte.

Solange Männer weiterhin zivilisatorische Anforderungen stoisch als Weiberkram abblocken, sollten wir ihre Standardfrage, »Was wollen die Frauen eigentlich?«, mit der Zwangsverpflichtung, sich mindestens 30 Folgen von »Sex and the City« anzusehen, beantworten. Dann wissen sie, was Frauen wirklich wollen!

Während unsere Männer von Samantha, Charlotte, Miranda und Carrie einen Schnellkurs in der emotionalen Bandbreite und den Wunschträumen von Frauen erhalten, sollten wir die Zeit nutzen, um uns ein paar Fragen zu stellen: Warum bleiben wir Frauen bei unseren abwesenden Männern, die sich wie nicht zahlende Untermieter mit Beischlafrecht durch unser Leben schmutzen? Sind wir verrückt? Sind wir Masochistinnen? Ist es die Versorgung? Wir können uns selbst versorgen! Kinder großziehen? Können wir alleine! Billy zusammenschrauben? Können wir auch! Sex? Können wir zur Not auch alleine! Ich befürchte, es geht um etwas, das gleichzeitig ganz einfach und ganz kompliziert, ganz normal und ganz außergewöhnlich ist, es geht um Liebe oder die Suche nach ihr.

Was ist nur mit den Männern los?

»Das Leben ist einfach. Nur die Menschen machen es kompliziert.«

Konfuzius

Männliche Passivität

Der Mann an sich will zu Hause vor allem eins: seine Ruhe! Und nebenbei, ohne dass er etwas sagen muss, will er von der »emotionalen Tankstelle« – seiner lieben Frau – umsorgt werden und sich geliebt fühlen, auch wenn er sich selig in der Nase bohrt.

Ist die viel beklagte Familienpassivität der Männer die Folge und zugleich der Fluchtweg aus der Identitätskrise des Mann-Seins? Motto: Besser nichts tun als etwas Falsches? Zumal man(n) durch diese Taktik Zeit gewinnt, die er dann für anderes nutzen kann: die Sportschau sehen! Beim Fernsehen ist Passivität Voraussetzung, es gewährleistet außerdem die innerfamiliäre Schutzzone des Mannes.

Eine Mutation vom agilen Platzhirsch zum schlaffen Pantoffelträger? Vom aktiven zum passiven Teil der Partnerschaft? Naturwissenschaftler haben festgestellt, dass Mutanten in der Entwicklungsgeschichte der Lebewesen oftmals Evolutionssprünge bewirkt haben. Das lässt doch hoffen und schon betrachten wir ihn mit noch mehr Ehrfurcht, wenn er neuerdings im Sitzen pinkelt.

Männer haben zwei Aufgaben in der Familie: Ehemann und Vater zu sein. Seitdem wir es nicht mehr nötig haben, eine lebende Lohntüte zu ehelichen, sind diese Funktionen für Frauen ein klarer Tatbestand, für Männer hingegen der Auslöser für die Aktivierung von Vermeidungsstrategien. Zu denen unter vielen anderen auch Passivität gehört, die sich bestenfalls in emotionaler Trägheit, schlechtestenfalls in einer Art totenähnlichem Wachzustand zeigt.
Kampf, Flüchten oder Erstarren ist ein Reflex aus unserem Reptiliengehirn, der nicht der Kontrolle unseres Bewusstseins unterliegt und reaktiviert wird, wenn wir einer lebensbedrohlichen Situation ausgesetzt sind. Sichtotstellen war bei unseren tierischen Ahnen die allerletzte Überlebensstrategie, um entweder den Angreifer zu überlisten oder durch den veränderten Bewusstseinszustand wenigstens keine Schmerzen zu spüren, wenn sie einem Tyrannosaurus als Sättigungsbeilage dienten.
Es ist kaum zu glauben, aber 100 Millionen Jahre später erscheinen wir und unsere gemeinsamen Kinder unseren Männern offensichtlich genauso lebensbedrohlich wie einst den wirbellosen Darmtierchen die gefräßigen prähistorischen Rieseneidechsen. Bleibt den Ärmsten nur das Sichtotstellen oder Flucht als Rettung vor den unersättlichen Familienmitgliedern? Dabei haben Männer häufig nur einen einzigen wahren Freund, dem sie alles anvertrauen, der sie unterstützt, der in Krisen zu ihnen hält: uns, ihre Partnerinnen. Ein verwirrendes Verhalten, eine seltsame Orientierungslosigkeit zeigen auch die Umfrageergebnisse der Rheingold-Studie »Männerwelten« (AUTO BILD/SPORT BILD 2003). Deutschlands Männer befinden sich in höchster Not: Die Bedeutung des Mann-

Seins ist ihnen nicht mehr klar. Der Mann hat kein anschauliches Bild mehr davon, wie er sich in der Welt zeigen und einordnen soll, kein Bild mehr, das ihn »in allen Lebenslagen rüstet, von dem aus ersichtlich und verständlich ist, wie man(n) sich verhalten soll, das ihm klar definierte Gestalt gibt mit unverzichtbaren Aufgaben und Zielen«. Das ist bitter, doch nur Mut Jungs, so erging es uns zu Beginn der Emanzipation auch! Und wie man(n) sieht, haben wir es doch recht gut geschafft, obwohl uns – im Gegensatz zu euch – erschwerend noch Kinder und Männer am Rockzipfel hingen, um uns in die drei Ks – Kinder, Küche, Kirche – zurückzumaulen.

Solange Frauen und Männer vergeblich nach dem neuen Mann Ausschau halten, befinden wir uns in einem Übergangsprozess mit einem Übergangsmann. Ähnlich einem Übergangsmantel, ist zu befürchten, dass man ihn viel länger als erhofft tragen und ungeduldig auf bessere Zeiten warten muss.

Von Superfrauen und Übermüttern

65 Prozent aller Mütter in der Bundesrepublik sind erwerbstätig, davon arbeiten 25,3 Prozent Vollzeit, 16 Prozent sind allein erziehend. Die politisch korrekte Work-Life-Balance, die hohe Kunst, dem Beruf und der Familie gleichermaßen gerecht zu werden, erscheint den meisten Paaren und Eltern als ein perfider Witz, den sich wirklichkeitsfremde Single-Soziologen in mönchischen Klausuren oder auf den Barcelona-Liegen ihrer puristischen Altbautempel ausgedacht haben. Balance ist schon im alltäglichen Ablauf zwischen Männern und Frauen, Eltern

und Kindern ein Ausnahmezustand, den die erschöpften Beteiligten wohl eher als Ruhe- oder Kampfpause bezeichnen würden. Die Schwierigkeit, Job und Familie miteinander zu vereinbaren, bewältigen Männer weit besser als Frauen, da sie darauf sozialisiert sind, ihren Vorteil zu nutzen und Prioritäten zu setzen, und außerdem mit weniger Schuldgefühlen ausgestattet sind. Dieses Power-Ego befähigt sie, Kinderauszeiten zum Normalfall zu erklären und die Maximierung des eigenen Karriereprofils als unerlässliche Familienperspektive zu deklarieren. Währenddessen hetzen die Verantwortungsträgerinnen von der Arbeit zur Familie, von einem Arbeitsplatz zum anderen, immer das schlechte Gewissen im Nacken, es niemandem recht machen zu können, besonders nicht sich selbst.

Den mühsamen Spagat zwischen Job, Haushalt, Kindern und Partner entkommen Männer durch simple »Ich verdiene mehr!«-Strategien. Ein nicht zu widerlegendes Argument für seine karrierefördernden langen Bürozeiten, wodurch er die heimischen Problemzonen gegen einen angenehmen Arbeitsplatz mit freundlichen Kollegen eintauscht. Sehr ärgerlich ist, dass er diesmal, ausnahmsweise, Recht hat: Frauen verdienen im Durchschnitt 27 Prozent weniger als Männer. Eine repräsentative Befragung des Deutschen Jugendinstituts ergab zudem, dass 35,1 Prozent der Frauen trotz Berufstätigkeit zusätzlich 21 bis 40 Stunden pro Woche mit Hausarbeit beschäftigt sind.

Tatsache ist, Frauen erbringen, um Beruf und Familie unter einen Hut zu bringen, Höchstleistungen in Flexibilität, Anpassungsfähigkeit, Organisation und Durchhaltevermögen. Ganz nebenbei geben sie ihren Partnern noch kostenloses Motivationstraining bei deren Karriereknicks. Außerdem sind sie es, die die Beziehungsarbeit leisten, sie stützen, tragen, halten in Gang, verbessern, ergänzen, frischen auf, setzen in Stand, stopfen, reparieren, bringen in Ordnung – leider mit mehr oder weniger Erfolg, während die Männer unbekümmert ihrem Lustprinzip frönen, oftmals mit der Arroganz einer gottgegebenen Überlegenheit, die in Wirklichkeit kindliche Unreife ist.

Diese Unreife äußert sich zum Beispiel in der unterschiedlichen Auffassung einer Wochenendehe. Wenn ER SIE besucht, dann ist ihre Wohnung geputzt und aufgeräumt, Blumen und Kerzen stehen auf den Tischen, das Bett ist frisch bezogen, sie hat eingekauft, war beim Friseur, die Fingernägel sind lackiert, wahrscheinlich trägt sie auch irgendein neues sexy Teil – für sie selbstverständliche Optimierungen der knappen gemeinsamen Zeit. Nun die andere Seite: SIE besucht IHN. Die Wohnung ist ein Chaos, er hatte mal wieder entsetzlich viel zu tun, der Kühlschrank ist leer – »Wir können ja essen gehen« –, die Wäsche türmt sich – »Ich bin einfach nicht dazu gekommen« –, die Topfpflanzen sind vertrocknet. Und was macht frau nun? Garantiert das absolut Verkehrte und ein erzieherisches Desaster: Sie räumt die Wohnung auf, putzt, wäscht, kauft ein, kocht und ist stinksauer!

Wer hat den Männern eigentlich gesagt, das man(n) hier auf unserem Planeten immer Spaß haben sollte? Und dass eine Beziehung immer angenehm sein muss und stets glücklich macht, weil es sonst keine Liebe ist? Und das alles, was nicht in dieses Konzept passt, eine Art Betriebsunfall ist, den man(n) am besten vermeidet, und wenn das nicht funktioniert, auf andere – meist uns

Frauen – abwälzt: zum Beispiel Kloschrubben; inkompetente Klempner überwachen; den Fahrservice für die Kinder einplanen; die Einkäufe logistisch optimieren; eine humorvolle Mutter bleiben, auch wenn der achtjährige Sprössling vorwurfsvoll in den leeren Kühlschrank blickt und sagt: »Mami, du musst dringend mal wieder einkaufen gehen!«; bei dreisten Telekom-Mitarbeitern nicht die Geduld verlieren; auf unermüdliche Jagd nach hell-lila Plastikordnern für den Naturkundeunterricht der Tochter gehen und nicht aufgeben, auch wenn sie im dritten Geschäft nicht zu bekommen sind; den ultimativen Kindergeburtstag ausrichten, um dem Kind ein soziales Netzwerk zu kreieren. Es geht nicht, ohne besondere Fähigkeiten zu entwickeln, wie zum Beispiel das ewige Abwaschen als Zen-Übung zu integrieren; das Kind vor dem Außenseitertum zu bewahren, indem man von Kiosk zu Kiosk fährt, um die angesagten Pokémonkarten und Sammelfiguren zu erstehen, die aber überall ausverkauft sind; die gewünschten Geburtstagsgeschenke für die lieben Freunde der Kinder zu besorgen und absolut originell zu verpacken; die Ehrentage des Familien- und Freundesumfeldes zu bedenken; Versicherungen effizient zu betreuen; Mahnungen im Griff zu haben; Arzttermine zu koordinieren; Autoreparaturen zu organisieren; Steuertermine einzuhalten; Computerprobleme zu lösen. All das erledigen wir, weil es sonst keiner tut – um dann am Abend von unserem Partner mit einem flüchtigen Kuss und der »Ich bin ein netter Ehemann«-Frage belohnt zu werden: »Und, was hast du heute den ganzen Tag so gemacht, Liebes?« Abgeklärte Frauen sind nicht enttäuscht, wenn sie feststellen müssen, dass er an einer Antwort ihrerseits nicht das geringste Interesse zeigt, ge-

schweige denn an detaillierten Angaben aus dem familiären Krisengebiet.
Selten haben Frauen die Wahl, aus der schwierigen Komplexität ihres Alltags in die strukturierte und mit Erfolgserlebnissen gespickte Berufswelt zu flüchten, wie allmorgendlich ihre Männer.

> Agnes, 30, verheiratet, freiberuflich, zwei kleine Kinder:
>
> »Da ruft er mich Dienstag Morgen um 9.30 Uhr an und fragt mich tatsächlich: ›Hab ich dich geweckt?‹«

Dass der Lustgewinn im täglichen »Einer muss es ja schließlich tun«-Trott relativ gering ist, empfinden auch wir Frauen. Eine Tatsache, die Männer immer wieder erstaunt. Da sie bekanntlich Dinge, zu denen sie keine Lust haben, selten freiwillig tun, schließen sie messerscharf und männerlogisch darauf, dass Frauen offensichtlich andere Gene haben müssen, da wir diese Tätigkeiten immerzu, immer wieder und mehr oder weniger klaglos ausüben. »Ich dachte immer, du putzt gerne!«, Aussage eines irritierten Mannes, nachdem ihm seine geliebte Gattin den Wischlappen vor die Füße geknallt hat.
Es gibt drei Strategien, die Männer einsetzen, um Dinge, zu denen sie keine Lust haben, zu vermeiden:
a) sie übersehen sie (die »Wo«-Fragen)
b) sie überhören sie (der »Das hast du mir nie gesagt«-Komplex)
c) sie verschieben sie auf morgen (die »Mach ich gleich«-Lüge)
Die »Ich mach das schon noch!«- und die »Du setzt mich so unter Druck!«-Strategie haben vollen Erfolg, weil sie

auf Frauen mit der Kraft der subtilen Zermürbung einwirken. Sie hat sich geschworen, sie liegen zu lassen, seine Socken (tut mir Leid, aber sie sind es schon wieder!). Doch irgendwann, je nach Seelenstärke und Belastbarkeit, also zwischen einem Tag und zwei Wochen, hält sie es nicht mehr aus und wirft die dreckigen Hassobjekte eigenhändig selbst in den Wäschekorb. In der kalten Wut dieser einsamen Tat ermordet sie ihn blutrünstig. Während dieses Dramas in ihrem Kopf zappt er sich entspannt und lautstark durch die TV-Kanäle und kann überhaupt nicht verstehen, was sie »jetzt schon wieder hat«. Sollte sie emotional gefestigt sein und somit in der Lage, ihm den Grund ihrer Wut mitzuteilen, »deine Socken!«, erntet sie bestenfalls unschuldiges Erstaunen, schlechtestenfalls ironische Überheblichkeit: »Deine Probleme möchte ich haben!« Für jede Frau ist nun klar: Mit 100-prozentiger Sicherheit hat sie an diesem Abend, zu seinem Erstaunen, keine Lust mehr auf Sex mit ihm!

Die männliche Freizeit-Aufforderung »Setz dich doch endlich mal hin!« und der Stoßseufzer »Du hast wohl Hummeln im Hintern!« werden vom Zeitung lesenden Mann auch gerne mit »Du bringst immer eine Unruhe hier rein!« getoppt, wenn seine Partnerin versucht, zwischen Kindergeschrei schnell mal eben die Waschmaschine zu laden, die Einkäufe zu verstauen, am Telefon den Babysitter zu organisieren und das Geschenk für die Abendeinladung einzupacken.

Gut kommt auch die »Mein Gott, lass mich doch das hier erst einmal fertig machen!«-Litanei des Mannes, die er gerne benutzt, um den ihm gestellten Aufgaben zu entgehen, indem er in seinen Makrokosmos versinkt und stundenlang einen seit sechs Jahren nicht funktionierenden

CD-Player repariert. Gelingt ihm das, will er natürlich von und vor allen dafür gelobt werden, gelingt es ihm nicht, hat seine Frau Schuld, denn schließlich hat ja *ihre* und nicht *seine* Mutter heute Geburtstag.

Apropos: Gott muss ein Mann sein, in sieben Tagen erschuf er die Welt – wäre er eine Frau, hätte sie es an einem Tag geschafft.

Wobei viele Frauen sich sicher sind, dass der eigene Mann es nicht einmal in sieben Tagen geschafft hätte, wo er sogar unfähig ist, fürs Wochenende einzukaufen (»Wie soll ich das denn mit zwei Kindern machen?!«), geschweige denn für die Urlaubsreise der Familie die Koffer zu packen; die meisten Männer tragen bestenfalls die Taschen zum Auto.

Dies kann nur von einem Geschenk für die Gattin übertroffen werden, das ihr einen Kurzurlaub verspricht, ganz ohne Familie: »Gönn dir mal was!« Für die Beschenkte bedeutet das in der Regel die Planung eines Großmanövers: tagelanges Vorkochen und Einfrieren, Klamotten für die Kinder vorsortieren, Sporttaschen vorpacken, einen minutiösen Ablaufplan vorbereiten. (Im zweiten Schuljahr fragte ein Vater, der versprochen hatte, seinen Sohn zur Schule zu fahren: »Wann fängt eigentlich morgens die Schule an?«) Es ist nicht zu fassen, doch selten weiß ein Mann und Vater, wie und was zu Hause abläuft, er kennt die Tagesroutine nicht und so kann er sie auch nicht übernehmen, er kennt die Freunde der Kinder nicht, oft nicht einmal den Namen ihrer Schule, geschweige denn den des Kinderarztes. Und wenn es dann zu einer Scheidung kommt, geschieht in vielen Fällen etwas völlig Schizophrenes: Plötzlich pochen die Herren der Schöpfung mit aller Macht auf ein gemeinsames Sorgerecht.

Die Kompetenzfalle

Welche Rolle spielen Frauen im Leben ihrer Männer? Sie sind Privatcoach für Beruf und Benimm, Soziales und Socken, sie sind gute Zuhörerin, verlässliche Freundin, sinnliche Liebhaberin, fleißige Putzfrau, omnipotente Mutter, erfahrene Psychologin, belastbare Krankenschwester, kreative Köchin, nimmermüde Gesprächspartnerin, sensible Masseurin, ordentliche Waschfrau, scharfsinnige Ratgeberin, geschmackssichere Modeberaterin, einfühlsame Kritikerin, einsichtige Vertraute, kluge Sekretärin, fleißige Gärtnerin, gescheite Lehrerin, umsichtige Ehefrau, konfliktfähige Lebensberaterin, unbekümmerte Spielkameradin, intelligente Karriereplanerin, stilsichere Innenarchitektin, hingebungsvolle Sexgöttin – wow! Das sind wir alles und für unseren Liebsten auch noch kostenlos! Doch warum werden wir überqualifizierten Superwesen von den Männern dann so fies behandelt?

Die vom Mann tagtäglich eingeforderte weibliche Omnipotenz macht ihm gleichzeitig auch Angst. Angst, von der Totalversorgung der Frau abhängig zu werden und sich nicht mehr als »Herr aller Reußen« zu fühlen, nicht mehr der Chefbestimmer zu sein, sondern wieder der kleine hilflose Junge, der sehnsüchtig nach seiner Mama ruft und sie gleichzeitig dafür hasst, dass sie ihn so sehnsüchtig macht.

Die vermeintlich bedenkenlose Passivität der Männer am heimischen Herd, die sie in den Augen ihrer Partnerinnen auf den Stand eines Kleinkindes schrumpfen lässt, stellt die Frage in den Raum: »Können sie es nicht oder wollen sie es nicht?« Ist es möglich, dass sich hinter dieser Passivität eine aktive Verweigerung, eine aktive Faulheit, eine aktive Verantwortungslosigkeit verbirgt, die mit Passivität ummantelt wird? Passivität ist wie Slime (dieses 80er-Jahre Glitschzeug): Sie passt sich jeder Umgebung an, ist aber nicht zu greifen, rutscht weg und ist auf keinen Fall schuldig. »Ich weiß auch nicht warum!« ist der Männersatz, der Frauen in den Wahnsinn treibt. Männer reklamieren seit Jahrhunderten die Vernunft, die Logik für sich und geben intelligenten Frauen das Adjektiv »außergewöhnlich«. Es steht zu befürchten, dass es ein Mann sein wird, der den Knopf drückt und diesen Blauen Planeten in die Luft sprengt. Und sollte es irgendjemanden geben, hoffentlich, der ihn dafür zur Rechenschaft zieht, wird dieser Mann garantiert sagen: »Ich weiß auch nicht warum!«

Zudem ist männliche Passivität vielfach nur gut getarnte Aggression und Tyrannei. Auch wenn der Undercover-Aggressor dies vehement leugnet, spüren Frauen, dass seine Abwesenheit nicht nur ein Ausdruck seiner Hilflosigkeit und Orientierungslosigkeit ist. Schweigen, weghören, wegsehen, weggehen, sich verweigern – dies sind meist unbewusste Handlungen, deren verhüllte Triebfeder eine geheime dunkle Wut ist, die ein Ziel sucht. Dieses Ziel ist die Verletzung und Verletzung ist immer ein aggressiver Akt. Man nennt dies »passive Aggression«. Um seine Täterrolle zu kaschieren, hängt der abwesende Mann das Schild »Ich tu doch gar nichts« vor seine Passivität. Diese getarnte Aggression macht Frauen so unendlich wütend.

Mit seiner Verweigerung von Entscheidungen, mit seiner Vermeidung von klaren Aussagen behält er die Macht über seine Frau in den Händen. Auch wenn er sie durch seine Passivität zwingt, die Familien- und Beziehungsverantwortung zu übernehmen und er ihr somit immer mehr Kompetenzen zuweist, behält er sich vor, ihre Entscheidungen anschließend wie ein trotziges Kleinkind zu torpedieren und ihr ihre Kompetenz zum Vorwurf zu machen.

Claudia, 31, selbstständige Friseurin:

»Peer überlässt mir gerne Dinge, wie zum Beispiel mit dem Vermieter, mit der Bank oder mit dem Versicherungsvertreter zu reden. Auch den Flug für unsere Urlaubsreise soll ich recherchieren. Es bringt mir Spaß, stundenlang im Internet zu suchen und ein supertolles und günstiges Angebot zu entdecken. Wenn ich ihm das Ergebnis stolz präsentiere, dann kommt von ihm eigentlich immer die gleiche Reaktion, er zieht die Augenbrauen hoch, sagt: ›Das muss doch billiger gehen!‹, macht einen Anruf – und bekommt den Flug noch preisgünstiger! Ich komme mir wie ein Idiot vor! Warum hat Peer es nötig, mit mir dieses lächerliche Theater zu veranstalten, nur um mir zu zeigen, wie blöd ich bin und was für ein toller Typ er ist? Warum gibt er mir nicht gleich die Telefonnummer?«

Kompetenzzuwachs ist eine begrüßenswerte Sache, doch Vorsicht ist angesagt, wenn der Gatte sie uns aus seinem abgeschirmten Ego-Terrain freiwillig rüberschiebt, dann handelt es sich meist um eine Falle: Jede Problemlösung unsererseits wird von ihm nachdrücklich in Frage gestellt und mit zielorientiertem Aktionismus torpediert. So finden wir unsere einstige Kompetenz auf Peanutgröße geschrumpft, während der Mann an unserer Seite sein erschlaffendes »Macher-Ego« wieder auf Ballongröße bläst.

Wenn unsere Männer schon der Meinung sind, dass wir Frauen nicht in der Lage oder unwillig oder zu dumm sind, im harten Überlebenskampf des globalen Marktes unseren Vorteil herauszuschlagen, warum überlassen sie uns dann die Einkäufe bei Ikea? Warum fordern sie von uns, den Handwerker zu bestellen, um uns hinterher in eine Art Kreuzverhör zu nehmen: »Wieso musste das denn sein?«, »Hast du auch gehandelt?«, »Warum hast du den Elektriker nicht gleich wieder nach Hause geschickt!« Wer behauptet, wir hätten keine Jagdinstinkte, sollte uns einmal erleben, wenn wir mit heißen Ohren im Schnäppchenrausch zwischen H & M, Outlet-Stores und Flohmärkten hin und her jagen. Erfahrene Frauen verstecken anschließend ihre Beute in ihrer heimischen Höhle, um sich von dem Liebsten nicht mit »Von wem hast du dir das denn andrehen lassen?« herabfreuen zu lassen.

Irene, 38, Industriekauffrau, verheiratet, drei Kinder:

»Bei seinen seltenen Gastauftritten zu Hause will Klaus trotzdem der Bestimmer über mich und die Kinder sein. Erst überlässt er mir alle täglichen Entscheidungen, vom Kinderarzt bis zum Handwerker-Organisieren, um dann diese Entscheidungen zu hinterfragen, zu kritisieren und mir klar zu machen, dass er die Dinge ganz anders gemacht hätte, besser natürlich! Und was mich dabei am meisten ärgert, er will für seine ›Ratschläge‹ auch noch gelobt werden!«

Um ihr angezweifeltes »Macher«-Image im häuslichen Rahmen weiterhin zu festigen, greifen Männer zu einer entwaffnenden Strategie, die da lautet: Tue vom vielen

Nötigen eine einzige Sache und die von ganz alleine, ohne den sonstigen Druck deiner Ehefrau. So kannst du, wenn sie mit ihrer ewigen Litanei deiner familiären Endlosversäumnisse kommt, den Unschuldsengel spielen und ihre Vorwürfe mit »Wieso, hast du nicht bemerkt, dass ich das Licht im Keller schon lange repariert habe?!« kalt stellen. Das bringt sie zwar auf die Palme, dich dafür in den Fernsehsessel.

Wie hart wir Frauen über Jahrtausende im Nehmen geworden sind, beweist die Tatsache, dass wir in wirklichen Krisensituationen buddhistische Gelassenheit bewahren. Zum Beispiel: Er ist gerade dabei, irgendeine Kleinigkeit wie unser Auto mit einem »Alles muss raus«-Baumarkt-Spezialreiniger zu ruinieren, während wir – völlig im Hier und Jetzt – daneben stehen und seinem zerstörenden Treiben interessiert zusehen, ohne auch nur mit einem Wort seine Autoweltkompetenz in Frage zu stellen. Es folgt die reflexartige und favorisierte Abwehrreaktion aller Männer: »Das konnte ich nun wirklich nicht wissen!« Diese erwidern wir mit einem unschuldigen Augenaufschlag und der Frage »Wieso, habe ich irgendetwas gesagt?«, woraufhin er mit männlicher Logik kontert: »Nein, aber alleine die Art, wie du dastehst!«

Ruth, 46:

»Eben konnte er nicht alleine seine Schnürsenkel zubinden, jetzt erklärt er mir die Welt.«

Sind die eruptiven Autonomiebestrebungen des erwachsenen Mannes in Wirklichkeit die Weigerung eines Pubertierenden, Mamas Erziehungsmaßnahmen zu folgen?

Dem mütterlichen »Tue dies, tue das« keine Beachtung zu schenken, um ungestört seinem Lustprinzip zu folgen? Und ist die rätselhafte Passivität des Mannes in Wirklichkeit die Angst eines kleinen Kindes, das um seine Versorgung und Bequemlichkeit bangt?

Männer auf der Flucht

»Die Menschen sind wie Teebeutel. Wie stark sie sind, findest du heraus, wenn du sie in heißes Wasser tauchst.«

anonym

»Wo ist eigentlich Fred?« Diese Frage zielt direkt ins zentrale Nervensystem einer Frau, wo Ärger und Scham nur auf neues Futter warten. Es ist gegen 22 Uhr, Freunde, Nachbarn, Familie sitzen nach einem wundervollen Essen zusammen, die Frau des Hauses serviert gerade den Espresso und da passiert es: »Wo ist eigentlich Fred?« Fred, der Hausherr, ist schon vor einiger Zeit einfach aufgestanden, er hat sich der Party, ohne ein Wort zu verlieren, entzogen, um sich im ehelichen Schlafzimmer dem gesunden Vormitternachtsschlaf hinzugeben, schließlich hatte er ja einen anstrengenden Tag.

Eine weitere Variante des männlichen Fluchtinstinkts, sich heimischen Abläufen und weiblichen Selbstverständlichkeiten zu entziehen, ist das Acht-Uhr-Tagesschau-Sehen. Normalerweise eine gesellschaftlich anerkannte Tätigkeit, die aber, in der gemeinsamen heißen Vorbereitungsphase einer 40-Personen-Dinnerparty bei der mit 20 zu öffnenden Weinflaschen allein gelassenen Gastgeberin einen hysterischen Schub hervorruft. Ganz zu schweigen davon, dass sie noch ihr Make-up nachbessern wollte, der Hund noch kein Futter hat und die Kinder sich

mal wieder streiten. Männer lassen sich in ihren Bedürfnissen von dem Krisenmanagement einer Familienfestorganisation und den Forderungen ihrer Frauen und Kinder selten stören oder gar behindern.
Männliches Fluchtverhalten zeigt sich auch in subtiler Anwesenheitsdosierung. Eine Regel für das effiziente Abendtiming sieht zum Beispiel so aus: Komme so nach Hause, dass du die Kinder nur noch abzuküssen brauchst, sodass deiner Frau der unangenehmere Teil zufällt, unter anderem das abendliche »Geht ihr endlich ins Bett!«-Gebrüll. Dann hast du außerdem endlich einmal die Gelegenheit, sich deinen Kindern verbunden zu fühlen, indem du ihnen ganz verschwörerisch zuflüsterst: »Eure Mami ist heute wieder ganz schön gestresst, nicht wahr?!«
Die Partnerschaft, die Ehe ist der Ort, an dem wir Frauen nach Nähe und Verbundenheit suchen. Viele Männer hingegen haben andere Erwartungen: Ruhe, Erholung und Distanz vom Job, von den Problemen – SIE ist da, das reicht ihm! Im Gegensatz zu Hund und Wellensittich müssen wir weder gefüttert werden noch muss man(n) mit uns bei Nacht und Nebel Gassi gehen oder gar unseren Käfig säubern – Tatsache ist, wir sind objektiv pflegeleichter als manch possierliches Haustier, warum behandelt man(n) uns dann so schlecht? Gegen uns spricht unser artbedingtes Manko: Wir reden! Und das zu viel und zumeist destruktiv: nörgelnd, mäkelnd, meckernd, vorwurfsvoll, kritisierend, verurteilend, missbilligend, ablehnend, verachtend.
Die Berechtigung, sich diesen meist unsachlichen und immer übertriebenen Anschuldigungen ihrer Frauen durch Flucht in die Distanz zu entziehen, ist für viele Männer unumstritten. Männer schaffen Distanz durch

Unverbindlichkeit. Männer schaffen Distanz durch Ambivalenz. Männer schaffen Distanz durch Vertröstungen und leere Versprechen. Männer schaffen Distanz durch ihre Arbeit. Männer schaffen Distanz durch Fernsehen. Männer schaffen Distanz durch ihren Computer. Männer schaffen Distanz durch Alkohol. Und Männer schaffen Distanz durch Untreue! Denn wären wir sein Ein und Alles, wären wir gleichzeitig Partnerin, Geliebte, Freundin, Schwester, Mutter, Vertraute, dann könnte unser möglicher Verlust, unser Weggehen, ihm zu schmerzhaft werden. Distanz bewahrt Männer vor der gefahrvollen Nähe, ihrer Angst vor Abhängigkeit und dem Verlassenwerden. »Angst vor der Nähe« ist zwar ein ausgelutschtes Schlagwort, doch der Zustand ist dadurch nicht weniger existent. Die Furcht, dass der andere ihnen »zu sehr auf die Pelle rückt«, äußern 40 Prozent der Deutschen, fast ebenso viele brauchen das Gefühl, sich jederzeit zurückziehen zu können. Der Anteil der männlichen Distanzsucher an diesem Ergebnis der Gewis-Umfrage wird nicht explizit genannt, ich vermute jedoch, er ist hoch, eine stereotype Rollenverteilung. Die Mehrzahl der Männer flieht aus der Nähe und diese Flucht zieht die Überkompensierung der Frauen – indem sie unersättlich Nähe fordern – nach sich, worauf beide Parteien wiederum von der anderen verlangen, sich zu ändern.

Nur wenn Männer den Mut haben, ja zu sagen zu allen menschlichen Gefühlen, sind sie auch wahrhaftig lebendig, sonst irren sie zwar unempfindlich, aber als Scheinlebendige durch unser und ihr eigenes Leben. Nähe zulassen bedeutet, bereit zu sein, das Risiko einzugehen, verletzt und verlassen zu werden. Wenn Männer ihre Gefühle als Bedrohung erleben, ist Distanz eine Form der Ab-

wehr. Aus diesem Grund legen Männer so ein großes Gewicht auf Distanz. Wenn sie nicht nur distanziert, sondern wahrhaft unabhängig sein wollten, müssten sie ihre kindliche Bequemlichkeit aufgeben und die Verantwortung eines Erwachsenen übernehmen. Denn Verantwortung für das eigene Handeln zu tragen, unterscheidet ein Kind von einem Erwachsenen. Wo, wie viel und in welchen Bereichen Verantwortung übernommen wird, markiert außerdem die Grenze zwischen Männern und Frauen. Wird Verantwortung vergeben, die nicht bezahlt wird, mit wenig Anerkennung versehen und höchst zeitintensiv ist und eine emotionale Herausforderung darstellt, reißen wir Frauen uns um sie. Besonders attraktiv finden wir es offenbar, wenn sonst keiner diese Aufgabe übernehmen will. Das »Florence-Nightingale-Syndrom«, gepaart mit dem »Super-Mom-Virus«, übersteigt in seiner schädlichen Wirkung die Pandemie der asiatischen Hühnerpest.
In ihrem Buch »Das Superfrauen-Syndrom« zeigen Claudia Bepko und Jo-Ann Krestan einen Kodex auf, nach dem Frauen ihrer Meinung nach leider auch heute noch leben:
»1. Sei attraktiv: Eine Frau ist so gut, wie sie aussieht.
2. Sei eine Dame: Eine Frau verliert nie die Selbstbeherrschung.
3. Sei selbstlos und immer für andere da: Eine Frau ist zum Geben geboren.
4. Leiste Beziehungsarbeit: Eine Frau ist von Kopf bis Fuß auf Liebe eingestellt.
5. Sei kompetent und klage nicht: Eine Frau schafft alles und wirkt nie überfordert.«
Regeln und Glaubenssätze, die wir mit der Muttermilch aufgesogen haben, lassen sich leider nicht durch unser political correct emanzipiertes Bewusstsein einfach zur

Seite schieben. Rollenklischees können wir genauso wenig gebrauchen wie Pubertätspickel, dabei vergessen wir jedoch, dass im Gegensatz zu den hässlichen Pickeln tradierte Geschlechterrollen uns einst auch Halt und Orientierung gaben. Dies ist vorbei wie unsere Kindheit, es führt kein Weg zurück. Wir alle sind dabei, erwachsen zu werden, müssen unsere Werte und Fähigkeiten selbst bestimmen und die Verantwortung für die Folgen unseres Handelns übernehmen. Kreative und mutige Neuorientierungen sind gefragt, wobei offensichtlich die Vertreter eines Geschlechts mehr oder weniger auf der Stelle treten: die Männer.

Distanz durch Unverbindlichkeit

Bei dem menschlichen Evolutionsthema schlechthin, »Verantwortung«, kommen Frauen regelmäßig ins Staunen über die kompromisslosen Fluchteigenschaften und spitzfindigen Blockadetaktiken der Männer, zum Beispiel über seine Strategie der »abgepufferten« Abwesenheits-Ansagen:

Sie möchte, um ihr Wochenende und das der gemeinsamen Kinder zu planen, wissen, wann er von seiner Dienstreise aus den Staaten zurückkommt. »Sonntag« ist seine Ansage. Wer hier nicht nachfragt und um Präzision bittet, muss damit rechnen, dass es sich bei dem angesagten »Sonntag« um den Abflugtermin in Los Angeles handelt und mit dem Eintreffen des Gatten im gemeinsamen Heim frühestens gegen Montag Nachmittag zu rechnen ist – wenn er nicht noch einmal kurz ins Büro muss!

Doch selbst wenn der Abflugtag von ihm wahrheitsgetreu angesagt wird, kann es trotzdem zu einer weiteren Begriffsverwirrung zwischen Mann und Frau kommen. »Ich fliege Sonntag!« Sie: »Wann?« Er: »So gegen Abend!« Diese Ansage erweist sich in den Köpfen der Männer offenbar als eine freie Zeitdimension, denn er verabschiedet sich von seiner verblüfften Gattin kurz nach dem Frühstück, weil er im Büro etwas vergessen hat und der Flieger um 15.30 Uhr geht, aber nicht vom heimatlichen Flughafen, sondern aus Frankfurt! Mit den Worten »Das habe ich dir doch gesagt!« und einem flüchtigen Kuss entzieht er sich den weiblichen Vorwürfen, schließt die Tür hinter sich und betritt seine aufregenden Jagdgründe.

Wenn der abwesende Mann den Satz »Das habe ich dir doch schon gesagt!« benutzt, bedeutet das für eine kluge Frau Alarmstufe eins! Denn dieser Satz beinhaltet gleichzeitig eine Abpufferung als auch eine Lüge. Natürlich hat er uns nicht gesagt, dass er übermorgen für 14 Tage auf eine Baustelle nach Usbekistan fährt. Das hätten wir uns nicht nur gemerkt, weil in diesem Zeitraum unser zehnter Hochzeitstag fällt, sondern auch, weil wir uns sowieso jedes seiner Worte merken.

MERKE: Abgepufferte Ansagen benutzt der Mann dann, wenn er Angst hat, bei seiner Partnerin negative Reaktionen auszulösen. Das hat für ihn einen pragmatischen Effekt: Je später er die Ansage platziert, desto mehr reduziert sich für ihn die lästige Stresszeit mit seiner Liebsten.

Wie schwer gemeinsame Zeit von Frauen erkämpft werden muss, zeigt sich in der großen Lüge vom glücklichen Familienwochenende. Meist sind es die schlimmsten Tage der Woche; hohe Erwartungen von Friede, Freude, Eierkuchen verkümmern zwischen Sportschau, Homeoffice, Hobbykeller und Fitnesscenter. Natürlich sehen auch wir Frauen ein, dass der Ehemann etwas für seinen allmählich erschlaffenden Dreambody tun muss, schließlich soll er ja fit bleiben für den täglichen Überlebenskampf im Büro. Aber Männer, die bisher kein Durchhaltevermögen gezeigt haben, die sich von nichts auf der Welt etwas aufoktroyieren lassen, liefern sich freiwillig und stundenlang diesen gnadenlosen Maschinen aus? Ich vermute, sie tun da genau das, was sie auch sonst tun, ein bisschen dies, ein bisschen das und die meiste Zeit dösen sie in irgendeinem Ruheraum – völlig entspannt, weil völlig ungestört!

Das männliche Makrouniversum steht immer zur Verfügung, den Familienflüchtling aufzunehmen. Zum Beispiel erlaubt ihm die Losung: »Schumacher fährt, ich will nur eben den Start sehen ...!« mindestens fünf Stunden lang paralysiert und unansprechbar vor dem Fernseher zu sitzen, während wir die Kinder zum Eisessen fahren, um sie für die ausgefallene Familienradtour zu trösten.

Auch die Ansage »Ich muss noch mal kurz in die Firma!« ist ein Standardsatz von abwesenden Männern am Wochenende, wobei enttäuschte Partnerinnen vermuten, dass der karrierebedingte Sachzwang häufig ein willkommener Vorwand ist, sich dem strapaziösen sonntäglichen Familienglücksanspruch zu entziehen.

Der angekündigte »kurze« Aufenthalt in der Firma – er verlässt um 11 Uhr das Haus und betritt es erst wieder zur 20-Uhr-Ausgabe der Tagesschau – ergibt zwar rechnerisch neun Stunden, im männlichen Universum allerdings ist es »doch nur ein halber Tag«. Im weiblichen Universum hingegen zählt die Zeit doppelt, für uns ist der ganze Sonntag verpfuscht, denn nur in dieser Zeit können wir als Mutter und Vater etwas gemeinsam mit den Kindern unternehmen und »Familie« sein.

Frauen und Kinder fühlen sich an der Seite dieser Nestflüchter zu nörgelnden Bettlern degradiert: »Wann kommst du nach Hause?«, »Musst du wirklich weg?«, »Kannst du heute früher hier sein?« Und wenn er überraschend mal gegen sechs zu Hause erscheint, ist er total erstaunt, dass seine Familie ihn besorgt fragt, ob er krank sei oder ihm gekündigt worden ist. Der Vater, der selten Zeit hat, dem augenscheinlich andere Dinge stets wichtiger sind als Frau und Kind, dem jede Stunde der häuslichen Anwesenheit abgekämpft und abgerungen werden muss, droht ständig, in die Außenwelt abzudriften, sobald er von der Frau nicht zwangsintegriert wird.

Die männliche Aussage »Eigentlich bin ich da!« bedeutet, dass er nicht da ist, jedenfalls nicht bei Frau und Kindern. Zu diesem schmerzlichen Beziehungskomplex gehört auch die gefürchtete Ansage: »Ich rufe dich an!« Besonders, wenn wir uns zu einem voreiligen und somit taktisch unklugen Erst-Beischlaf haben hinreißen lassen, erwarten uns Höllenqualen. Während wir Stunden wie hypnotisiert auf das nicht klingelnde Telefon starren, sollten wir uns klar machen, dass diese Aussage für ihn nur eine freundliche Stressvermeidung bedeutet und er nie wirklich vorgehabt hat, uns anzurufen. Er wollte uns in dem Moment eine Freude machen, uns nicht enttäuschen und sein Ego damit füttern, ein netter, freundlicher Mann zu sein – mehr nicht!

Wenn wir dies begreifen, verstehen wir auch, warum unser Gatte der in die Ferien fahrenden Nachbarin treuherzig verspricht, dass wir ihre Balkonpflanzen gießen und gerne den Briefkasten entleeren, obwohl wir während ihrer Abwesenheit selbst im Urlaub sind: »Ich wollte doch nur freundlich sein!«

Distanz durch Untreue

Manche Frauen befürchten, dass ihr Partner, wie einst ihr Vater, statt Überstunden im Büro zu machen in die Arme einer sexsüchtigen Geliebten flüchtet. Doch warum sollte er? Bei einer anderen würde er auf Dauer genau das Gleiche finden, was er mit uns hat und vor dem er geflohen ist! Männer haben manchmal doch Recht, letztlich sind alle Frauen gleich: Wir alle fordern Nähe, Verbindlichkeit, Verantwortung, einen Mann, der da ist, an uns interessiert ist und nett zu uns ist. Auch wenn wir in der Rolle der Geliebten unsere Bedingungen während der Einarbeitungsphase noch zurückhalten, werden wir sie, nachdem unsere Position gefestigt ist, umso nachhaltiger stellen.

Dabei ist der berüchtigte Beziehungskiller Fremdgehen eine statistische Nullnummer: Nur jeder 100. Geschlechtsverkehr wird außerhalb einer festen Beziehung vollzogen. Dieses erstaunliche Resultat ergab eine Umfrage der Universität Hamburg. Außerdem zeigte sie, dass sich Paare in der Regel ein Leben lang treu sind. Ich muss gestehen, ich habe immer schon die Glaubwürdigkeit von Umfrageergebnissen angezweifelt, in denen mir die Art und Weise der Fragestellung nicht zugänglich war und bei persönlichen Befragungen das Geschlecht des Fragestellers. Wie bereits erwähnt, vermitteln Männer von sich eher ein beeindruckendes Wunschbild denn die abturnende Realität. In diesem Fall kann ich mich des Eindrucks nicht erwehren, dass die Befragten sich lieber als Gutmenschen präsentieren wollten, anstatt in die Bildzeitungsecke eines liederlichen Plattenbau-Casanovas gestellt zu werden. Wobei hinzuzufügen ist, dass tatsächliche Treue auch eine männ-

liche Vermeidung von unsicheren und verwirrenden Zuständen sein kann, denen sich der Mann nicht noch zusätzlich aussetzen will.
Natürlich kennt jede Frau genug Männer, die einen Seitensprung machen, sich eine Geliebte halten und, das eigene Verfallsdatum im Auge, die Mutter ihrer Kinder gegen den gleichen Typ, nur 20 Jahre jünger, austauschen.
Trotz horrender Scheidungsraten und Eheleid lehnen wir uns entspannt auf unserem Trennungssofa zurück, schenken uns einen teuren Bordeauxwein ein (den Billigwein kann er jetzt getrost mit der Neuen trinken), schieben unsere Lieblings-CD von Marianne Rosenberg (die er nicht ausstehen konnte) in den Rekorder und geben uns selig einem Traum hin: dem Glauben an die große Liebe!
Wir sind in guter und vor allem zahlreicher Gesellschaft, 94 Prozent aller Frauen träumen mit uns, nur zwei Prozent haben die Hoffnung für sich aufgegeben.

Darum wird es Zeit, dass Silke, Marketingassistentin, 34, uns an der Klagemauer wieder auf den Boden der Beziehungsrealität bringt:

»Es ist ein warmer Sommermorgen. Während ihr Liebster noch im Bett bleibt, geht sie sich duschen. Einer Eingebung – dieser gnadenlos weiblichen Veranlagung – folgend, kehrt sie nach kurzer Zeit wieder in das Schlafzimmer zurück. Statt ihn selig schlafend vorzufinden, hat er sich total unter der Bettdecke verkrochen, die einzige Verbindung nach draußen: das schwarze Telefonkabel. Neugierig – noch eine dieser männernervenden Eigenschaften – schlägt sie das Bett auf und erblickt verblüfft ihren schwitzenden und telefonierenden Liebsten! Natürlich möchte sie jetzt auch noch wissen, warum und vor allem mit wem er unter ihrer Bettdecke telefoniert? Er, ohne zu zögern: ›Mit meiner Mutter!‹«

Konfliktscheuheit verstehen Männer offensichtlich als Risikomanagement und dümpeln mit labiler Identität durch Beziehungen, blutige Frauenherzen hinter sich herziehend. Denn sie wissen nicht, was sie tun und tun es trotzdem.

Distanz der besonderen Art: der Unwiderstehliche

Wenn der Unwiderstehliche die verwaiste Bühne unseres Gefühlslebens betritt, schwinden uns die Sinne, unser Verstand implodiert, denn vor uns steht ER: endlich ein Mann, der sich als Kenner im Reich der Gefühle offenbart. Seine subtil gesetzte zufällige Nähe, seine nur uns geltenden leidenschaftlichen Blicke, seine fast magische Anwesenheit, seine verheißungsvollen Berührungen versprechen einen magischen Geheimbund, die ersehnte Symbiose. Hoffnungen, die er gezielt in unserem sehnsuchtsvollen, anerkennungshungrigen Herz platziert, sorgen dafür, dass wir unseren Verstand jubelnd über Bord werfen und in die mitreißenden Fluten einer großen Liebesaffäre springen. Lass die anderen doch mit ihren Schmalspur-Typen dahindümpeln, wir haben das große Los gezogen: Geigen, Rosen, Champagner – er ist ein Gott und macht uns zu einer Göttin.
Dieser Typus des Unwiderstehlichen sollte im Sinne der Gesundheitsprävention, genauso wie Zigarettenpackun-

gen oder Klapperschlangen im Zoo, mit einer gesetzlich vorgeschriebenen Warnung »Nicht berühren – Lebensgefahr!« versehen werden. Bis das geschieht, ist äußerste Vorsicht geboten, denn der Unwiderstehliche ist der König der Anziehungsphase, ein betörender Blender, ein glanzvoller Showkönig, ein Meister berauschender operettenhafter Inszenierungen. Er glitzert mit funkelnden Spiegeln, in denen wir uns als Königinnen erkennen, denen die Welt zu Füßen liegt. Und die Warnlampen, die aufleuchten, wenn der Unwiderstehliche uns schon in den ersten Stunden versichert »Sie sind eine wundervolle Frau!« oder gar »Auf dich habe ich mein Leben lang gewartet!«, ignorieren wir in seligem Rausch.

Der Unwiderstehliche versteht es, virtuos auf alle Knöpfe einer nach Anteilnahme, nach Zuneigung, nach Aufmerksamkeit dürstenden Frau zu drücken. Fast jede Frau ist schon einmal so einem König Blaubart begegnet, dessen gefährliche Faszination in den Verlockungen seiner vermeintlichen emotionalen Anwesenheit liegt. Eine Verheißung, die hinter Illusion, Show und großen Gesten die tatsächliche Abwesenheit seiner Gefühle grandios versteckt. Der Höhepunkt seiner Inszenierung ist das Drama der Trennung, in dessen aufwühlender Dramatik Gefühle zu ihm vordringen, die er unter vermeintlich normalen Bedingungen einer Liebesbeziehung nicht empfinden kann. Wie ein Bungee-Springer braucht er den emotionalen Overkill, denn nur so können Empfindungen durch den Panzer seiner Abwehr zu seinem menschlichen Herz vordringen. Plötzlich hört alles auf. Sein Blick gleitet an uns vorbei, er ruft nicht mehr an, die Göttin stürzt in das Tal der Bedeutungslosigkeit. »Was ist passiert, was haben wir nur falsch gemacht?«, fragen wir uns und unsere zehn besten Freundinnen verzweifelt zwischen hysterischen Nervenzusammenbrüchen und der x-ten Flasche Wein. Nichts, ist die Antwort, nichts, außer bedürftig zu sein und uns zu Männern hingezogen zu fühlen, die uns nicht wirklich wollen.

Indes ist der Unwiderstehliche weitergezogen zum nächsten Opfer. Was wir für Symbiose hielten, war Spiel. Er will keine Verbindung, keinen Alltag und vor allem keine menschliche Frau, mit all ihren Seiten, guten wie weniger guten. Er ist ein Junkie, er braucht den Kick der Jagd und er ist ein Vampir, der unsere Sehnsucht nach Liebe hochkitzelt, um sich durch unsere Gefühle lebendig zu fühlen. Er spiegelt sich in unserer Bedürftigkeit nach ihm, in dem Zauber, den er in uns auslöst. Er spiegelt unsere Sehnsüchte. Seine Vorderseite funkelt, doch von der anderen Seite betrachtet ist er tot.

Distanz durch Nichtzuständigkeit

»Was schert mich Weib, was schert mich Kind«, schrieb Heinrich Heine zwischen 1817 und 1821 im »Buch der Lieder«. Männerfluchten haben Tradition.

> Annette, 32, Apothekerin, verheiratet, zwei Töchter:
>
> »Irgendwie fühlt Martin sich hier zu Hause nicht wirklich zuständig und meint, dass die Kinder und die Wohnung eigentlich nicht seine ›Aufgabe‹ sind. Wenn ich dann an ihn Forderungen stelle, ist er tierisch genervt und weil ich nicht will, dass die Mädchen uns streitend erleben, gebe ich klein bei und werde ganz kalt vor Wut.«

Wieso fühlen sich Männer von Frauen ständig bedrängt, wo unsere Forderungen doch nur in ihrer Teilnahme am Elternabend gipfeln und nicht in einer Hermes-Handtasche oder gar in der Hoffnung, auf dem Kopfkissen ein Paar pinkfarbene Manolos vorzufinden.
Wovor fliehen die Männer? Wir können es nur vermuten, denn selten sind sie in der Lage, auf weibliche Sinnfragen dieser Art eine Antwort zu geben – oder zumindest nicht uns, ihren Partnerinnen. Also sollten wir auf unsere Forderungen, Ansprüche und Wünsche schauen, die wir an sie stellen, vielleicht finden wir darin die Gründe des Fluchtverhaltens. Frauen fordern von ihrem Partner: Verbindlichkeit, Verantwortung, Kooperation, Zusammengehörigkeit, Gemeinsamkeit, Respekt, Unterstützung, Verständnis, Wertschätzung, Aufmerksamkeit, Anerkennung, Zuwendung, Freundlichkeit, Nähe und Liebe.
Und das alles wollen wir auch, sagen die Männer und wir glauben ihnen, denn wir wollen es glauben. »Verbale Aufgeschlossenheit bei relativer Verhaltensstarre.« So beschreibt der Soziologe Ulrich Beck das Phänomen »männliche Absichtsbekundungen«. Eine Art männliches Gehirnsplitting, das sich in widersprüchlichem Verhalten zeigt (»Meine Familie steht in meinem Leben an erster Stelle!« und »In meinem Beruf sind Überstunden ganz normal!«), wobei jede Seite als absolute Wahrheit postuliert und, wie ich befürchte, auch von Männern als solche empfunden wird. Offensichtlich schließt sich im männlichen Hirn ein Oxymoron nicht aus, sondern Gegensätze bestehen gleichwertig nebeneinander, sodass man(n) je nach Rechtfertigungsbedarf auf das eine oder andere zurückgreifen kann. Evolutionssprung oder Zufallsmutation? Oder die Ich-Bezo-

genheit eines Kindes, das glaubt, dass wenn es sich die Augen zuhält und dadurch die Welt um sich herum nicht mehr sehen kann, dann auch die Welt verschwunden ist?

Auch wenn es uns Frauen nicht leicht fällt, der bitteren Wahrheit ins Auge zu sehen: Männer betrachten die Ehe offensichtlich als ständig zur Verfügung stehende Versorgungsstation ihrer körperlichen und emotionalen Bedürfnisse und setzen Liebe mit Dienstleistung gleich – denn so haben sie es bei ihren Müttern erlebt und genossen. Währenddessen halten wir Frauen unerschütterlich daran fest, nur in einer Partnerschaft die einzig wahre und absolute Verlässlichkeit, Verbindlichkeit und Liebe erleben zu können.

Dazu kommt, dass Frauen in den Führungsetagen immer noch ein so seltener Anblick (0,5 Prozent) wie Väter beim Kinderarzt sind. Dies ist bekanntermaßen keine Kompetenzfrage, sondern Ausdruck eines gesellschaftlichen Missstands. Kompetente, gut ausgebildete Frauen gibt es zuhauf (42,2 Prozent aller Hochschulabsolventen). Der schlechte Durchschnittslohn und die geringeren Beförderungschancen spiegeln nicht weibliches Unvermögen, sondern die stärker werdende Unvereinbarkeit von Kind und Karriere in Deutschland wider.

Berufstätige Mütter leben mit einer ständigen Doppelbelastung und Doppelerschöpfung. Männer haben hingegen die erstaunliche Begabung, ihr Leben eher segmentieren zu können. Zu Hause angekommen, hängt der Mann ein Schild mit »krisenfreie Zone« an die Haustür und schlüpft in die bequemen Jogginghosen seiner Unverbindlichkeit. Kein Chef, keine Termine, kein Stress. Die Kinder und die Frau sind so nachgiebig wie sein elastischer Taillenbund. Seinem Wohlfühlabend steht nichts im Wege, wäre da nicht seine Frau, die, statt ihm den Rücken frei zu halten, ihm mal wieder tückisch in denselben fällt!

Ent-Täuschung

Nach 40 Ehejahren soll ein Mann seine Frau gefragt haben, ob sie schon einmal an Scheidung gedacht hätte.
Die Antwort: »An Scheidung nicht, aber an Mord!«

Unerfüllte Erwartungen

Bei vielen Frauen ist das Bedürfnis nach Anerkennung seit ihrer Kindheit nicht gestillt worden. Die Tragik ist, dass wir einerseits an unsere Unvollkommenheit zu glauben gelernt haben, andererseits sehnsüchtig auf die Anerkennung unserer Vollkommenheit warten. In beiden Fällen fühlen und handeln wir als Kind, das immer noch in uns lebendig ist. (Dazu mehr in späteren Kapiteln.) Als erwachsene Frauen reinszenieren wir dieses Drama der unerfüllten Erwartung bei unseren Partnern immer wieder aufs Neue, damit endlich der Bann aufgehoben wird und es sich diesmal alles zum Guten wendet. Doch hier erliegen wir alle einem folgenschweren Fehler, wir glauben, unseren Lebensfilm nach einem Drehbuch mit dem Titel »Anerkennung« zu verwirklichen, dabei steht uns nur das Drehbuch »Enttäuschung« zur Verfügung. Diese Wiederholungen des »Enttäuschungsdramas« lähmen uns nicht nur im privaten, sondern auch im beruflichen Bereich. So ist besonders die Kopplung Honorar/Selbstwert für die meisten Frauen ein Grauen. Bei Honorargesprächen versagen ihre Worte, ihr Verstand, das Deodorant. Auf die Frage »Was haben Sie sich denn als Honorar vorgestellt?« verpufft sogar ihr Selbst, sodass niemand mehr da ist, der diese Frage beantworten könnte. Das Ergebnis ist im besten Fall eine Summe weit unter dem üblichem Niveau, im schlechtesten wird sie den Job nicht bekommen.

Männer mokieren sich gerne genüsslich über das geringe Selbstwertgefühl der Frauen, dabei sind sie es doch selbst gewesen, die es Jahrtausende lang erfolgreich unterdrückt haben. Einer Frau zu sagen »Hab Selbstvertrauen«, ist so, als würde man einer Untergehenden auf der Titanic sagen »Hab ein Rettungsboot«. Wo kein Rettungsboot ist, ist kein Rettungsboot. Da helfen keine Wünsche, kein positives Denken, keine Atemübungen. Kein Rettungsboot ist die Realität. Kein Selbstvertrauen ist die Realität. In dieser Erkenntnis liegt zugleich der rettende Ausweg. Dies trifft zwar nicht auf den Untergehenden der Titanic zu, doch die Akzeptanz des Umstands »Ich habe kein Selbstwertgefühl« lässt das Ich in die Rolle des Beobachters treten. In dieser Beobachterposition ist es möglich zu erkennen, dass »kein Selbstwertgefühl haben« ein Zustand ist, und Zustände sind nicht das Ich, Zustände können sich verändern. Ich kann beschließen, dass mein Zustand ein anderer sein soll, z. B. »Selbstwertgefühl haben«. Wenn das mein Ziel ist, muss ich meine Handlungen, mein Verhalten auf dieses Ziel ausrichten. Dazu gehört auch, mich nicht länger Umständen und Personen auszusetzen, die dieses Ziel sabotieren, so wie Kapitäne die Eisberge oder Männer die Socken übersehen.

Ein Garant auf Rettung ist auch die kaum zu glaubende Erkenntnis, dass das Verhalten des abwesenden Mannes im Grunde nichts mit uns zu tun hat! Wir können mit großer Sicherheit davon ausgehen, dass er sich seinem abwertenden Verhalten uns gegenüber nicht bewusst ist, denn welcher Mann ist sich seiner Handlungen schon bewusst?

Das Folgende sollten sich Frauen zu Herzen nehmen, wenn sie das nächste Mal ihrem Liebsten die Meinung sagen und er versucht, sie mit dem stereotypen Argument »Du bist unsachlich!« zu verunsichern: Bewusstsein ist Erkennen, Wahrnehmen, Fühlen – und das ist subjektiv. Wissenschaftler geben für das Vorliegen von Bewusstsein bei einem Organismus folgende Indikatoren vor:

1. Seine physiologisch messbare Wachheit;
2. Sein beobachtbares Unterscheidungsvermögen;
3. Seine verbalen Mitteilungen (Sprachfähigkeit);
4. Sein Erinnerungsvermögen;
5. Seine Fähigkeit zu willkürlichem Verhalten (im Gegensatz zu automatischen Handlungen):

Nach diesen Kriterien fällt es selbst dem letzten gutgläubigen Weibchen wie Schuppen von den Augen: Männer haben kein Bewusstsein, jedenfalls nicht bei uns. Wahrscheinlich streifen sie es beim Nach-Hause-Kommen an der heimischen Fußmatte ab, um am nächsten Morgen auf dem Weg ins Büro wieder hineinzuschlüpfen.

Sex and the pity

Weitere Grenzlinien, die die unterschiedlichen Welten von Frau und Mann trennen, ziehen sich bedauerlicherweise auch mitten durch das Ehebett. Wenn eine Freundin mit verklärtem Blick der anderen erzählt: »Detlef und ich hatten gestern einen wundervollen Abend!«, fragt

diese: »Worüber habt ihr geredet?« Und nicht: »Welche neuen Stellungen habt ihr ausprobiert?«
In ihrer Abhandlung »ICH-DU- und ICH-ES-Typen« (2003) stellen Dr. Bernd Schmid und Wolfram Jokisch zu diesem Thema fest:
»Während der Ich-Du-Typ (meist weiblich) gemeinsam gelebte Sexualität als Ausdruck und Höhepunkt inniger Bezogenheit erlebt und definiert, der viele andere Arten der Annäherung und persönlichen Wertschätzung vorauszugehen haben, ist für den Ich-Es-Typ (meist männlich) der sexuelle Vollzug eine lustvolle gemeinsame Sache, die Nähe, Öffnung für den anderen, Tiefe der Gefühle und Bezogenheit erst wachsen lässt.«
Kurz und knapp gesagt, es ist landauf und -ab bekannt, dass Frauen erst Nähe brauchen, um Sex zu wollen, und Männer erst Sex brauchen, um Nähe zu empfinden. Eine ausweglose Pattsituation? Trotz rückläufiger Geburtenzahlen lassen die vielen stolz zur Schau getragenen Babybäuche und ausgebuchten Kitaplätze hoffen. Irgendjemand der beiden Protagonisten muss seinen Standpunkt verlassen, über die Grenze gehüpft und unter die Bettdecke des Partners gekrochen sein. Wer? Welcher Mann kennt schon den Unterschied zwischen Flexibilität und Stellungswechsel?

> Angelika, 42, Ingenieurin:
>
> »Mein Mann kommt mir im wahrsten Sinne des Wortes nur im Bett nahe.«

Natürlich schlafen Frauen auch mit Männern ohne das emotionale Vorspiel, meistens sogar, denn beim Sex bekommt sie endlich seine ganze Zuwendung.

Christa, 45, Lehrerin, verheiratet:

»Nachdem er festgestellt hatte, dass es im Fernsehen nichts mehr gab, was ihn interessierte, griff er mir zwischen die Beine.«

Und natürlich schafft Sex auch Nähe und macht außerdem noch Spaß. »Und vielleicht«, hofft die Frau, »können wir danach dann endlich ein bisschen reden!« Und genau das ist das Letze, was der Mann im Allgemeinen und schon gar nicht »danach« will: reden!! So entzieht er sich und schläft sanft und selig ein.
Mann 1: »Hast du Zeit, mit mir eine Woche in die Berge zu fahren?«
Mann 2: »Sicher!«
Mann 1: »Aber eins muss klar sein: Kein Gequatsche, sonst kann ich gleich mit meiner Frau verreisen!«
Es begann doch alles ganz anders. Wir glaubten, je größer die Leidenschaft, desto glücklicher wird die Beziehung. Einst liebten wir bedingungslos, jetzt stellen wir Bedingungen. Statt Akzeptanz Entfremdung. Unsere tausend Schmetterlinge flattern schon lange nicht mehr in unserem Bauch, sie sind davongeflogen zwischen Kindergeschrei, Kochen und Karriere.

Anne, 29, Arzthelferin:

»Man soll einerseits schrubben und putzen und abends dann als frische Diva im Bett erscheinen.«

Wenn der einst heiße Höllen-Sex zum ehelichen Beischlaf verkümmert und zu einer Pflichtübung wird, dann kann er trotzdem auch für Frauen überraschende Möglichkeiten des Stressabbaus bieten: Wenn ihnen währenddessen zum Beispiel einfällt, dass sie neulich bei Ikea diese entzückende und superpreiswerte Bettwäsche gesehen haben, dabei könnten sie gleich noch Teelichter mitbringen und nach dem Regal fürs Bad schauen, ach, der Klempner muss auch noch angerufen werden ... Frauen denken immer an etwas, selten nur an das Eine. Auch die Gedankenkette, die mit »Mein Bauch ist zu fett« startet, beschäftigt Frauen beim Sex, denn wir können ja, im Gegensatz zu den Männern, mehrere Dinge gleichzeitig tun. Darum sollten Männer auch höchst erfreut sein, wenn die Geliebte sich statt an Teelichtern und Diätsuppen in den Gedankenwelten ausschweifender erotischer Phantasien, in denen er garantiert nicht vorkommt, verliert. Das Ergebnis wird ihn begeistern, sie ist damit meist orgasmusfreudiger und hat gleichzeitig ein bisschen schlechtes Gewissen, weil diese ehrliche und dumme Kuh das Gefühl hat, ihn zu betrügen. Diese Gewissensbisse kennen viele Männer nicht, nicht einmal dann, wenn sie ihre Frau tatsächlich betrogen haben!

Den Erste-Sahne-Satz aller abwesenden Männer sagt Til Schweiger in dem Film »Der bewegte Mann«, als seine Freundin ihn dabei erwischt, wie er es auf der Toilette mit einer Kollegin treibt: »Es ist nicht, was du denkst!«

»Sind Männer gefühllose Testosteronmutanten?«, fragt Ken Wilber in »Kurze Geschichte des Kosmos«. Wir Frauen würden diese gewagte These nie öffentlich mit ja beantworten. Wie allseits bekannt, sind wir gute Taktikerinnen und zuverlässige Konfliktvermeiderinnen, doch beim dritten Rotwein an der Klagemauer, wenn wir uns so richtig über die Männer an sich in Fahrt geredet haben, könnte diese Bezeichnung der Hit eines langen Abends sein.

Die bierselige Männeraussage »Frauen haben immer Kopfschmerzen, weil sie keinen Sex wollen« haben Studien widerlegt: Tatsache ist, 48 Prozent aller Frauen wollen mehr Sex! Dabei gebe ich Männern zu bedenken, dass besagte Frauen diesen Sex vielleicht nicht unbedingt mit demjenigen haben wollen, der seit Jahren neben ihnen schnarcht.
Die Zahl der Frauen, die »danach« schon leise ins Kissen hineingeweint haben, ist nicht hoch genug anzusetzen. Eine ähnliche Reaktion ruft bei uns der postkoitale Griff zur Fernbedienung hervor. Dem Mann, dem unbekannten Wesen, gelüstet es, sich noch mal schnell durch das Fernsehprogramm zu zappen, in der Hoffnung, vielleicht dort etwas Interessantes zu finden. Der männliche Druck ist abgebaut, der Mann an sich ist mit sich, seiner Welt und wahrscheinlich auch mit uns im Frieden – und gibt es etwas Schöneres, als entspannt einzuschlafen?
Vielleicht sollten wir Frauen uns, bevor wir weiter Gefühlsamok laufen, mit der kleinen Weisheit trösten: Wenn man will, dass das Leben perfekt abläuft, sollte man keine Beziehungen eingehen.
Zur prä- und postkoitalen Nähe gehört für Frauen auch wirkliche Anteilnahme am Leben und Lieben des anderen, sie bedeutet für uns auf keinen Fall einen sexuellen Informationsaustausch, in dem es um männliche Problemlösungseffizienz geht. Dieser »kleine Unterschied« beim Liebesspiel lässt auch eine Sexgöttin resigniert aus den Kissen, direkt zu einem leckeren Schokoriegel springen.
Apropos »kleiner Unterschied«: Weder ein Mann noch eine Frauenzeitschrift konnte bisher die Informationslücke schließen, warum Männer eigentlich so scharf auf Blow-Jobs sind! Dabei gleicht Cunnilingus, wie der amerikanische Autor Joseph Heller in »Weiß Gott« klarstellt,

dem Schafehüten: »... eine verdammt einsame Tätigkeit, aber einer muss es ja schließlich tun«.
Gesellschaftliche Toleranz gegenüber den bunten Spielarten der Sexualität ist heute Sex-and-the-City-Zeitgeist und füllt mit bizarren Outings Programmzeiten der TV-Sender. Bücher über Sextechniken überschwemmen den Markt und fegen uns unsere Blümchen-Sex-Standards aus den Betten. So finden wir uns in der Schubkarrenstellung wieder, dabei wollten wir doch nur mit ihm reden.

Streit

Außer scharfem Sex ist eruptiver Streit eine lang erprobte weibliche Waffe, den Panzer männlicher Abwesenheit aufzuknacken.
So betrachten die meisten Männer Frauen als emotionale Tretminen, die ständig Sand in das Getriebe einer ansonsten harmonischen Beziehung werfen, um ihr verdientes Ruhebedürfnis zu sabotieren. Dass Frauen immer mit dem Streit beginnen, behaupten die meisten Männer. Und damit haben sie ausnahmsweise mal wieder Recht! In diesem Zusammenhang muss allerdings dringend richtig gestellt werden, dass wir nicht streiten, sondern unserem »Im-Recht-Sein« Ausdruck geben, indem wir endlich die Dinge beim Namen nennen, die Wut nicht herunterschlucken, das klarstellen, was wir schon immer einmal sagen wollten, nicht länger bereit sind, »es« unter den Teppich zu kehren, es satt haben ... Außerdem ist ein Streit mit ihm immer noch emotional hochwertiger als ein gemeinsamer Schweigeabend vor der x-ten Tatort-

Wiederholung. Im Streit nimmt er uns wahr, wenn auch voller Zorn, er redet mit uns, wenn auch brüllend vor Wut, und endlich haben wir ihn dort, wo wir uns gut auskennen, im Terrain der extremen Emotionen. Dass es sich um vermeintlich negative Gefühle handelt, nehmen wir billigend in Kauf, immer noch besser als gar keine. Nachdem wir unseren Liebsten mit detaillierten Uraltverfehlungen, an die er sich natürlich beim besten Willen nicht erinnern kann, konfrontiert haben, fühlt er sich zum Schluss vielleicht ein bisschen schuldig und wir können damit rechnen, dass er sein schlechtes Gewissen damit beruhigt, nett zu uns zu sein. Und der »Sex danach« hat endlich ein heißes Vorspiel der Gefühle bekommen und gehört vielleicht zu den unvergesslichen Höhepunkten eines sonst eher tristen Ehelebens.

Der Streit gibt Frauen auch eine weitere Möglichkeit, sich als höheres rationales Wesen zu erleben, das es schafft, bei einem brüllenden Unrechtsträger die Ruhe zu bewahren. Die männliche Fähigkeit hingegen, einfach auf Durchzug zu schalten, wenn wir unsere Stimme erheben, um unseren berechtigten Anliegen Nachdruck zu verschaffen, ist für Frauen seelische Grausamkeit, die zur Körperverletzung wird, wenn der Mann, der versprochen hat, mit uns gute und schlechte Zeiten zu teilen, mitten im Super-GAU seelenruhig neben uns einschläft. Dass dieser Gipfel des Desinteresses Frauen nicht zum Messer greifen lässt, um ihn mit einem gezielten Stich in seinen herzlosen Brustkorb wenigstens auf diese Weise aus seinem Frieden zu reißen, hat offensichtlich mit der weiblichen Tötungshemmung zu tun. Dabei wollen wir ihn gar nicht umbringen, er soll uns nur zuhören, uns Recht geben und sich verdammt noch mal entschuldigen.

Mit dem von uns eingeforderten Schuldbekenntnis könnte ein kluger Mann sehr männlich effizient umgehen, indem er uns, wie den nordafrikanischen Zollbeamten letzten Urlaub, einfach besticht. Unser Zorn schmilzt in der Regel schon bei einem fiesen Tankstellenstrauß dahin, bei 50 roten Rosen vergessen wir schlagartig unseren Ärger und vielleicht auch uns selbst.

Überhaupt schätzen Männer die Bedeutung von Geschenken falsch ein. Hier könnten sie, getreu ihrem Motto, mit wenig Aufwand doch viel erreichen. Dass sie dieses Prinzip bei uns nicht zur Anwendung bringen, lässt die Vermutung aufkommen, dass wir ihnen so nahe sind, sie sich mit uns so verbunden fühlen wie – tatsächliche Aussage eines Mannes – »mit ihrem rechten Fuß«! Und seit wann schenkt man seinem Fuß etwas zu Weihnachten?

Warum nutzen nicht viel mehr Männer die Möglichkeit, mangelnde Phantasie und spärliche Aufmerksamkeit durch finanzielle Großzügigkeit auszugleichen? Ganze Parfumabteilungen von Dutyfree-Shops leben von diesen herz- und lieblosen Geschenken vielfliegender Wichtigkeitsträger. Wieso weiß sogar die Putzfrau, dass wir uns Gladiolen zu unserem Geburtstag wünschen, während der Angetraute Jahr für Jahr mit Rosen kommt. Wieso schenkt er uns Stechohrringe in Silber, wo wir noch nie Silberschmuck getragen, geschweige denn Löcher in den Ohren haben? Wieso kann er sich nicht merken, dass wir Britzel-Getränke nicht ausstehen können, und macht strahlend einen Champagner auf? Gut, sagen Sie sich jetzt, ich wäre froh, wenn ich wenigstens Parfum, Rosen und Champagner bekäme. Die Zeiten, wo Mutti zu Weihnachten ein Set neuer Chromkochtöpfe bekam, soll angeblich vorbei sein, doch diese Äußerung eines Mannes, Ehemannes, ist im dritten Jahrtausend gefallen: »Ach, Liebes, wenn ich dir schon etwas schenke, sollten wir doch beide etwas davon haben!« Dass daraufhin besagtes »Liebes« einen Tobsuchtsanfall bekam, wurde von Seiten des Mannes mit Ratlosigkeit quittiert: »Was hat sie denn nun schon wieder?«

Aber zurück zu den Geschenken. Die Möglichkeit, jährlich wiederkehrende Frustrationen auszuschalten, indem man ihm verkündet »Ich will nichts mehr geschenkt bekommen«, ist garantiert ein Rohrkrepierer, denn insgeheim warten wir Frauen doch noch auf Wunder.

Auch wenn Hirnforscher das männliche Hirn als eindimensional und linear einstufen, setzen wir Frauen mit unserem Multitasking auf das Prinzip Hoffnung, denn schwule Männer sind ja auch durchaus in der Lage, einen Tisch zu decken und daran zu denken, dass nach dem Wegwerfen des letzten Klopapierstückchens neues gekauft werden muss. Auch das Hirn männlicher Unfallopfer ist nachweislich in der Lage, neue Synapsen herzustellen, warum sollte dies, fragen Frauen sich, nach Zündung eines familiären Super-GAUs bei dem Mann an ihrer Seite nicht auch möglich sein?

Dass dies aussichtslos ist, liegt außer an den unterschiedlich arbeitenden Hirnen auch an den völlig verschiedenen Streitzielen von Mann und Frau. Das Ziel von uns Frauen ist ganz einfach, er soll einsehen, dass wir Recht haben und dies bitte auch durch Reue und tiefes Bedauern zum Ausdruck bringen. Männer hingegen wollen nicht nur Recht haben, sondern auch während des Streitens immer cool wirken, damit sie sich auch im Reich der Extrememotionen weiterhin als der Überlegene fühlen können. Ganz Mann, hält er unseren Tsunami-Emotionen stand – ungerührt, distanziert, kalt, unempfindlich, wie ein Wissenschaftler im Labor für Tierversuche. Er glaubt, somit die Kontrolle zu behalten über die Macht der Gefühle: unsere und seine eigenen. Seine vermeintliche Gefühlskälte steigt proportional zu seiner Angst, seine eigenen Gefühle könnten aus ihm herausbrechen.

Darum verhalten sich Männer meist so, als wäre der Streit eine brodelnde Vulkaninsel, die einsam und völlig überraschend in dem sonst friedlichen Beziehungsmeer auftaucht und die jeder vernünftige Mann sofort weit umschifft. Für uns Frauen dagegen ist der Streit ein gewaltiger, seit ewigen Zeiten (etwa sechs Ehejahren) gewachsener Eisberg, dessen Spitze drohend aus dem aufgewühlten und eiskalten Meer unserer Gefühle ragt und darauf wartet, mit einer männlichen Omnipotenz zu kollidieren. Aus diesem und tausend anderen Gründen ist es Frauen und Männern unmöglich, überhaupt miteinander zu streiten, geschweige denn einen Zustand der Konfliktlösung zu erreichen, der »Win-Win« genannt wird, das heißt Mann und Frau gewinnen beide. Aber ehrlich gesagt, wer will schon seinen Sieg mit einem Loser teilen, der einfach nicht kapieren will, worum es hier auf diesem Planeten überhaupt geht!

Recht haben und zu behalten scheint für ein Männerleben eine Voraussetzung zu sein. Die Sturheit, Verbissenheit und Lautstärke, mit der Männer dies für sich reklamieren, lässt in ihren in Seelenverstrickungen kundigen Partnerinnen den Verdacht entstehen, dass sie in der Tiefe ihrer Seele wissen, wie sehr sie anderen tagtäglich Unrecht tun. Zum Beispiel beim Abendessen:

Annette, 36, Hausfrau, vier Kinder:

»Wenn Lutz dann mal mit uns gemeinsam zu Abend isst, ist die Stimmung irgendwie anders. Ich merke, dass die Kinder sich nicht so wohl fühlen wie sonst. Bestimmt liegt es daran, dass er sich wie ein Oberkontrolletti verhält, er kritisiert an allem und jedem herum, weiß immer alles besser. Er versucht, seine Familienoberhauptposition rauszukehren, aber es ist so lächerlich, denn er weiß einfach zu wenig von dem, was bei uns jeden Tag so abläuft. Nach Hause kommen und mir gegenüber den Chef mimen, nur um sich wichtig zu fühlen, das macht mich so wütend ...«

Wieso drängt es den abwesenden Mann, während seines plötzlichen Auftauchens in den heimischen Wänden knallhart die Versäumnisse seiner Ehefrau aufzudecken, wo er doch sonst wochenlang über seine miefigen Schuhe hinwegsteigen kann, ohne sie zu bemerken? »Wieso liegt der Brief immer noch hier? Du wolltest doch heute zur Post gehen! Wieso ist dies nicht passiert, wieso hast du jenes falsch gemacht?« Da sich die Frau an sich, wie oben beschrieben, sofort reflexartig schuldig fühlt, somit nicht in der Lage ist, sich angemessen zu verteidigen, braucht sie typbedingt etwas Zeit, bis ihr einfällt, dass im Hirn ihres Angetrauten eine spontane Synapsenverknüpfung stattgefunden haben könnte. Er, der am Morgen weder wusste, wo die Butter noch seine Slipper waren, kann sehen! Plötzlich werden wir wahrgenommen – und zwar genau dann, wenn wir in seinen Augen etwas falsch gemacht haben! Diese »Du machst immer ...«-Sätze enden nie mit »... alles so toll!«, sondern in der Regel mit »... alles falsch!«

Wir werden wahrgenommen über unser Fehlverhalten. Sätze wie »Du hast dies oder jenes nicht getan«, »Du sollst dies oder jenes tun!« lassen eine unangenehme Erinnerung aufkommen an etwas, das uns bekannt vorkommt: unseren Vater! Genauso hat er uns von oben herab kritisiert und uns mit diesem abwertenden Blick angesehen. Dieser Blick macht uns wieder zur kleinen, traurigen und wütenden Tochter, sodass wir nicht bemerken, dass die Vorwürfe von Mann und Vater in Wirklichkeit die Qualität eines nörgelnden Kindes haben.

Frau, was nun?

Zurück an den gemütlichen Frühstückstisch, wo die Frau mit ihrem E.T. sitzt und wahrscheinlich gerade vergeblich versucht, das gemeinsame Kind mit Brei zu füttern. Während er, mit einem abwesenden Blick in die Weiten seiner wilden Männerwelt, sein Handy zieht, überlegt sie, wie sie die Situation, den Außerirdischen und sich ändern könnte. Wir möchten ihr zurufen: »Vergiss es! Du kannst ihn nicht ändern!«
Um die »Problemzone Mann« in den Griff zu bekommen, geben Frauen alles. In Selbsthilfegruppen versuchen wir, uns von der Sucht »Wenn Frauen zu sehr lieben« zu befreien, wir besuchen unerschrocken Urschrei-Seminare und durchfrieren Transmissions-Meditationen zum Vollmond, lesen uns durch unzählige Bücher mit viel versprechenden Titeln wie »Paare – Leidenschaft und lange Weile«, »Hör auf, mich zu kontrollieren«, »Die Weisheit der Ausweglosigkeit«, nehmen endlose Therapien auf uns, folgen bärtigen Gurus, lernen am Wochenende tantrischen Sex

und hoffen immer wieder aufs Neue, endlich irgendwo die magische Formel zu finden, die auf einen Schlag unser trübes eheliches Jammertal in einen Ort stetiger Glückseligkeit und den quakenden Frosch an unserer Seite in eine himmlische Lichtgestalt verwandelt.

Zu welchen Verzweiflungstaten Frauen schlussendlich in der Lage sind, zeigt deren zunehmende Bereitschaft, sich durch Aufblasen der Lippen das Aussehen eines Karpfens zu verleihen, der mit einer Barbiepuppe gekreuzt wurde. Im Vergleich zu diesem Endprodukt zeigt Dolly, das erste geklonte Schaf, direkt menschliche Züge.

Frauen, die sich diesem angesagten Trend hartnäckig verweigern, können stattdessen der beliebten Aufforderung »Ihr müsst einfach nur loslassen« folgen. Was eigentlich kein Problem sein sollte, denn viele Frauen fühlen sich seit Jahren wie im freien Fall, nicht nur die verzweifelten Hausfrauen der Wisteria Lane. Auch der gut gemeinte Ratschlag »Sorge erst einmal für dich selbst« tritt meist eine Kette von weiblichen Urreflexen los, unter der Überschrift: »Nur wenn es den anderen gut geht, dann geht es auch mir gut!« Wie ein Gefühls-Trüffelschwein können Frauen Abweichler aus der Glücksgruppe aufspüren, um dem Bedauernswerten mit all ihrer Kraft, Empathie und Intelligenz zum Glücklichsein zurückzuhelfen. Kein Mann käme auf die Idee, dass sein Wohl vom Wohl der anderen abhinge. Im Gegenteil. Unter Konkurrenzbedingungen braucht der Sieger Unterlegene, der Chef Untergebene.

Sind dies zwei unvereinbare Haltungen, die jede Hoffnung auf Verständigung als Naivität entlarven und es Betroffenen erschwert, Akzeptanz von Resignation zu unterscheiden? Oder haben gar die Propheten des anstehenden Wassermannzeitalters Recht, die unseren ganzen Beziehungsärger auf die simple Formel einer kosmischen Herausforderung reduzieren, indem sie uns, meist sehr kostspielig, darauf hinweisen, dass Konflikte in der Mann/Frau-Beziehung die einzige Möglichkeit sind zur Heilung der eigenen »Schattenthemen« (nach C. G. Jung die abgespaltenen, verdrängten Teile unserer Persönlichkeit)? Aber warum, fragen sich viele Frauen, müssen wir außer Berufstätigkeit, Hausarbeit, Kinderversorgung und Diätkuren auch noch alleine die ganze kosmische Beziehungsarbeit leisten? Die Einsicht, dass dieser ignorante Mann, der uns nicht wahrnimmt und uns alleine lässt, uns in spiritueller Hinsicht zu einem Evolutionssprung verhilft, ist wahrlich nicht leicht nachzuvollziehen. Oder waren wir im vorigen Leben gar selbst Männer, mit der leicht einzusehenden Folge eines dramatischen Karmaabsturzes, sodass die Götter sich veranlasst sahen, zu solch drastischen Mitteln zu greifen? Weibliche Inkarnation zur Karmaoptimierung? Hilfreich wäre es, um diese irdische Belastungsprobe weniger frustriert zu durchschreiten, wenn wir, wie unsere »Desperate-Housewives«-Schwestern, wenigstens einen so gut aussehenden und viel versprechenden Klempner in der Nachbarschaft hätten.

Männer sind anders, Frauen auch!

Männer sind anders, Frauen auch! Obwohl diese Binsenweisheit nun auch den letzen Medienwald zum Rascheln gebracht hat, bleibt sie trotzdem eine beinharte Einsicht. Und nun? Okay, wir sind verschieden, das hat in einigen wenigen Bereichen, wie Haarwuchs, Lebenserwartung

und Libidokonstanz, ja auch Vorteile, doch irgendwie haben wir Frauen beim Verteilen der Unterschiede nicht aufgepasst oder zu schnell bei Empathie, Verbindlichkeit, Verantwortung »hier« gerufen.
Warum können wir es nicht einfach dabei belassen und uns Dingen zuwenden, von denen wir durch lange Erfahrung wissen, dass sie machbar sind – einer Diät zum Beispiel? Warum ist eine Antwort auf die dümmste Frage der Welt, »Liebst du mich?«, lebensentscheidend für uns, während Männer darauf, wenn sie überhaupt zugehört haben, reflexartig mit »natürlich« antworten, was natürlich nichts zu bedeuten hat! Ein Mann würde nie ernsthaft so eine Frage stellen, vor allem nicht, während er im Stau auf der A1 feststeckt, und erst recht würde er darauf keine ehrliche Antwort seiner neben ihm sitzenden Ehefrau erwarten. Doch Frauen meinen es ernst! Immer! Zu jeder Zeit!
Die zweitdümmste Frage auf der Welt ist zweifelsohne: »Was denkst du gerade?« Männer lügen dann garantiert, denn entweder haben sie an etwas gedacht, worüber sie kein Wort verlieren wollen, oder, der Regelfall, sie haben an gar nichts gedacht. Erfahrene Partner wissen, dass ihnen das keine Frau abnimmt, denn Frauen denken IMMER an irgendetwas!
(Kleiner Tipp für die zwei, drei Männer, die dieses Buch lesen sollten, antworten Sie ihr: »Die kennst du nicht!« Trauen Sie sich, denn Frauen haben Humor! Sie brauchen ihn zum Überleben!)
In unseren westlichen Gesellschaften gilt die Regel: Mann-Sein bedeutet Abgrenzung und Autonomie, Frau-Sein dagegen Verbundenheit und Beziehung. Yin und Yang, Mann und Frau, zwei Prinzipien, die sich ergänzen,

alles gut und schön. Tatsache ist jedoch, dass das männliche Prinzip seit Generationen überbewertet worden ist, sodass unsere weiblichen Stärken meist als typisch weibliche Schwächen abgewertet oder gar der Lächerlichkeit preisgegeben wurden.

Dennoch halten wir an diesen Verhaltensweisen fest, es handelt sich um unser Universum, wir halten das Leben immer noch für lebenswerter, wenn wir das Auf und Ab der Gefühle beobachten anstatt das Auf und Ab der Börse. Gefährlich ist es hier, nicht zu unterscheiden zwischen Rückzugstendenzen in überholte Rollenklischees und der Trendwende zu neuen menschlicheren Werten in Richtung mehr Lebensqualität und Lebenssinn. Es gibt unzählige gesellschaftliche Varianten und private Motive – nicht nur die Männer, auch wir Frauen leben in einer Übergangszeit.

Der Graben zwischen Mann und Frau wird noch dadurch vertieft, dass beide Kontrahenten fest von sich glauben, nur sie seien »richtig«. Jeder hält sein Verhalten für normal und selbstverständlich, das des anderen folglich für falsch und somit unbedingt änderungsbedürftig.

Um aus diesem Dilemma herauszukommen, stellt sich die Sichtweise eines dualen Weltbildes als richtungsweisend dar: Männer und Frauen ergänzen sich hervorragend, nur verstehen sie sich nicht! Das ist für die Hälfte der Betroffenen an sich keine Katastrophe, denn die meisten Männer halten »das Verstehen« der Frau für mehr als lästig und absolut sinnlos, weil unmöglich! Und in diesem Punkt, das muss man ihnen lassen, sind sie uns meilenweit voraus. Voraus in einer Welt, in der wir uns nicht wiederfinden, wo Autonomie wichtiger ist als Verbundenheit.

Obwohl wir uns nicht mehr daran erinnern können, aus welchem Antrieb wir die Loser-Karte bei der Vergabe der Mann/Frau-Prinzipien gezogen haben, halten wir sie, statt sie in den Müll der Geschichte zu werfen, mit der einen Hand fest umklammert, während wir uns mit der anderen an unserem Partner festkrallen. Verbissen suchen wir so nach einem Ausweg aus unserer Enttäuschung, unserer Wut, unserer Bitterkeit, unserer Verzweiflung, unserem Groll, unserer Resignation und unserer tiefen Scham – und bemerken nicht, dass wir mit den falschen Mitteln das Falsche am falschen Ort suchen.

Auf dem Portal des Apollotempels des Orakels zu Delphi steht »Erkenne dich selbst!« und nicht »Erkenne Knut!« oder wie auch immer deine Problemzone heißt. Der einzige Weg aus dem Jammertal der Frauen führt durch dieses Tor. Er kostet Mut und Tränen. Schluss mit lustig, Schwestern, jetzt geht es ans Eingemachte.

TEIL 2

Die Suche nach dem Tatmotiv

Indizien und Motive

»Der gleichgültige Ehemann fügt sich nahtlos in die vorgestanzte Form des desinteressierten Vaters ein.«

Julia Onken (»Vatermänner«)

Der abwesende Vater

Susanne, Buchhändlerin, 37, verheiratet:

»Irgendwie kommt mir das alles verdammt bekannt vor, mein vergeblicher Kampf um Achims Anwesenheit, um seine Verlässlichkeit, um seinen liebenden Blick. Déjà-vu: Diese Enttäuschung kenne ich schon lange, sie ist altvertraut, die Gefühle von Trauer, Schmerz und Verzweiflung habe ich schon einmal gespürt, damals in meiner Kindheit. Wenn ich es recht bedenke, behandelt Achim mich heute genauso wie damals mein Vater.«

Die Abwesenheit unserer Männer gleicht der damaligen Abwesenheit unserer Väter. Ein Zustand, der unsere Kindheit mit Trauer und Hilflosigkeit überschattet hat und dem wir alle so schnell wie möglich entkommen wollten, um endlich unabhängig zu sein und uns ein Leben voller Liebe, Glück und Zufriedenheit zu erschaffen.
Irgendetwas ist dabei gründlich schief gelaufen. Das Drama unserer Kindheit wiederholt sich immer wieder aufs Neue,

ob mit Lebensabschnitts- oder Dauerpartner – Frauen fühlen sich in schmerzlichen Wiederholungen gefangen wie Hamster in ihrem Rad. Wir treten Runde für Runde auf der Stelle und können den Weg nach draußen nicht finden, so sehr wir uns auch anstrengen. Ein altes, vertrautes Gefühl der Einsamkeit, der Hoffnungslosigkeit begleitet uns, das seine Wurzeln in unserer Kindheit hat, in der wir einst vatervergessene Töchter waren und uns fühlten, als wären wir nicht vorhanden. Den Vater erlebten wir als abwesenden Vater, der an unserem Kinderalltag nicht teilnahm, der die vielen kleinen bedeutungsvollen Dinge, die das Universum unserer Kindheit füllten, nicht kannte. Wobei es für unseren Kummer über sein Desinteresse keine Rolle gespielt hat, ob er körperlich anwesend war oder nicht.
Eine weitere Variante des abwesenden Vaters ist der »Leere Versprechungen«-Vater: »Ich bin immer für dich da, Kleines!« In der Realität war er aber eigentlich nie für die Tochter da. Zu dieser Spezies gehört auch der Untertyp des Verwirrers, der behauptet »Ich habe dir doch gesagt, dass ich an deinem Geburtstag nicht da bin!«, obwohl er es nie erwähnt hat. Das Mädchen ist verwirrt, es verliert seine Grundorientierung, weil es sich zwischen seiner eigenen Wahrnehmung und dem Kinderglauben, dass sein Papi es nie belügen würde, entscheiden soll. Diese Kinder werden zu vorsichtigen Kindern und später zu ängstlichen Frauen, die wissen, dass Worte lügen, dass nichts ist wie es scheint und dass die Welt ein gefährlicher, unberechenbarer Ort ist, in der nur diejenige überlebt, die gelernt hat, Doppelbotschaften zu erkennen, Lügen zu enttarnen und klüger als alle anderen zu sein.
Wenn wir heute in einer Beziehung leben, in der unser Partner sich ähnlich verhält wie einst unser Vater, dann er-

leben wir nicht nur unseren heutigen Schmerz der Enttäuschung und der Verletzung, sondern wir erleben auch den alten Schmerz des Kindes nochmals, denn an der Abwesenheit des Vaters prallte unsere kindliche Hinwendung ab. Sein emotionaler Rückzug aus der Familie hinterließ eine Atmosphäre von Verlassenheit und Sehnsucht, die ungestillt in unserem Herzen bis zum heutigen Tag weiterlebt. Damals im vaterlosen Vakuum warteten und hofften wir eine Kinderewigkeit vergeblich darauf, dass er kommen und uns in die Arme nehmen würde.
Die Liebe, die wir für ihn empfanden, weil er unser Vater war, nahm er nicht an.
Die bekannte Schweizer Therapeutin Julia Onken, selbst eine vatervergessene Tochter, fragt sich in ihrem Buch »Vatermänner«: »Ist das vielleicht die Erklärung dafür, weshalb Frauen oft in Beziehungen über Jahrzehnte ins Leere hinauslieben, in ein dunkles Loch, aus dem nie etwas zurückkommt?«

Elke, 55, Ärztin, geschieden:

»Mein Vater war nicht an mir interessiert. Nur wenn ich gute Zeugnisse mit nach Hause brachte, also zweimal im Jahr, dann lobte er mich, aber dass er mich dann mal in den Arm genommen hat, daran kann ich mich nicht erinnern. Ich glaube, ich war ihm ziemlich gleichgültig, meist sah er durch mich hindurch, mit so einem Blick ins Nichts.«

Als kleine Mädchen lernten wir schnell, dass wir für unseren Vater keine wirkliche Bedeutung hatten, zumindest keine, die seinem Hobbykeller gleichkam.

Angelika, Sachbearbeiterin, 47, verheiratet:

»Ich hatte mit seinem Werkzeug so einen Kasten für seine Pfeifen gebaut, als Weihnachtsgeschenk für ihn. Er ist schier ausgerastet und war Weihnachten über nur stinkig, weil ich sein heiliges Werkzeug angefasst hatte. Dabei war mir der Kasten richtig gut gelungen.«

Damals konnten wir nicht verstehen, warum der bewunderte Vater uns nicht beachtete. Langsam stieg in uns der furchtbare Verdacht auf, dass wir selbst die Ursache waren: Etwas musste mit uns nicht stimmen, vielleicht hatten wir einen für uns unsichtbaren Stempel mit der Aufschrift »mangelhaft« auf der Stirn. Von nun an zieht sich das Gefühl, »nicht gut genug zu sein«, wie ein roter Faden durch unser Frauenleben. So wird jede Ablehnung von uns insgeheim als »richtig« empfunden und selbst der gruseligste Partner unbewusst als Bestätigung unserer Wertlosigkeit erlebt.

Karin, Stadtplanerin, 42, verheiratet, ein Sohn:

»Mein Vater war ein erfolgreicher Architekt. Für mich hat er sich nicht sehr interessiert, ich war auch kein so besonderes Kind. Ich kann mich nicht daran erinnern, dass ich irgendetwas richtig gut konnte, ich war so durchschnittlich, richtig langweilig. Vielleicht hätte es ihm geholfen, wenn ich hübscher gewesen wäre, aber das war ich auch nicht. Jedenfalls hat mein Vater mich nie gelobt, aber auch nicht direkt kritisiert, ich glaube, er war von mir irgendwie enttäuscht oder vielleicht nur gelangweilt oder ich war ihm gleichgültig, ich weiß es nicht.«

Der Vater war für uns Töchter des erste Mann, die erste Begegnung mit dem anderen Geschlecht. In dieser ersten Beziehung wurden die Weichen für alle unsere zukünftigen Zweierbeziehungen gestellt. Wir lernten durch unsere Väter, mit der Welt und den Menschen in Beziehung zu treten, und zwar genau in der Art und Weise, wie unsere Väter sich auf uns bezogen haben und wir uns auf sie. Abwesende Väter schickten ihre Töchter in eine abweisende Welt.

Sonja (47), Kauffrau, geschieden, zwei Kinder:

»Mein Vater verließ meine Mutter, als ich ein halbes Jahr alt war, danach hatte sie ›von Männern die Nase voll‹, wie sie immer sagte, und abgesehen von ein paar ihrer gelegentlichen namenlosen Bettgenossen wuchs ich in einer Frauenwelt zwischen Mutter, Tagesmutter und Großmutter auf. Der Mann, den ich eines Tages mal heiraten wollte, sollte eine Mischung aus Sean Connery und dem Weihnachtsmann sein. Dies führte dazu, dass ich mit 26 Jahren noch Jungfrau war. Männer machten mir einerseits Angst, aber gleichzeitig zogen sie mich unwiderstehlich an, so fiel leider die Möglichkeit, lesbisch zu werden, aus. Ich muss wohl nicht erklären, dass meine späteren Beziehungen zu Männern in Katastrophen endende Grenzerfahrungen waren und meine Ehe eine Kette endloser Missverständnisse.«

Das Desinteresse unserer Väter, das Übersehenwerden, das Nicht-zur-Kenntnis-genommen-Werden bewirkte, dass wir das Vertrauen in die Liebe unseres Vaters und später zu Männern überhaupt verloren. Um uns vor weiteren Verletzungen zu schützen, übernahmen wir Papis effektivstes Instrument – seine Distanz, während wir uns gleichzeitig nach männlicher Zuwendung sehnten.

> Jutta, 38, Einzelhandelskauffrau, ledig:
>
> »Meine Beziehungen zu Männern? Gleich null! Ich bin jetzt 38 und außer ein paar tragischen Ausrutschern gibt es weit und breit keinen Mann in meinem Leben! Natürlich sind da Männer, aber nicht ein Einziger, der für mich wirklich in Frage käme. Dabei wünsche ich mir Familie, Mann und Kinder, ich weiß nicht, was ich falsch mache, warum ich immer noch alleine bin.«

Vaterverlassene Töchter verlieren die Orientierung. Bin ich richtig? Bin ich falsch? Was bin ich, was bin ich nicht? Was soll ich sein, was nicht? Was ist erlaubt, was verboten? Ein Sichverlorenfühlen, eine tiefe Verunsicherung ergreift Raum in der Seele der vatervergessenen Tochter und das hat schwer wiegende Folgen: Sie vergessen sich selbst, sie haben kein eigenes Ich mehr. Sie definieren sich so, wie andere es erwarten, sie scheuen Konflikte, tun alles um des lieben Frieden willen. Vatervergessenen Frauen, denen die Wahrnehmung der eigenen Identität abhanden gekommen ist, Selbstverleugnung vorzuwerfen, erscheint zu Recht zynisch. Das Ausmaß des Verlustes des eigenen Ich zeigt sich bei Töchtern in Abwesenheit von Lebendigkeit, Kreativität und Liebesfähigkeit. Der abwesende Vater erschuf ganz automatisch eine abwesende Tochter.

Obwohl es für die meisten Mädchen selten oder nie »genug Vater« gab, bleibt Papi trotzdem immer der wichtigste Mann in ihrem Leben, denn er war der erste. Trotz seiner Abwesenheit lernten wir viel von ihm: Männern gegenüber misstrauisch zu sein, sie andererseits jedoch auch zu vergöttern und sich später einen ähnlich desinteressierten Ehemann zu erwählen, damit sich das altbekannte Drama von Sehnsucht und Einsamkeit immer wieder nachspielen lässt. Der abwesende Vater ist wie der abwesende Mann immer präsent. Je abwesender, distanzierter, nicht greifbarer der Vater war, umso bedeutender wurde er. Unsere Gedanken kreisten fortlaufend um den Abwesenden, voller Wut, voller Schuld, voller Verzweiflung und voller Hoffnung. Unsere Väter brauchten nicht viel ihrer kostbaren Zeit zu opfern, um bei uns für alle Zeiten einen bleibenden Eindruck zu hinterlassen.

Ist männliche Effizienz, männliches Durchsetzungsvermögen, männliche Entschiedenheit nur möglich durch die Abwesenheit von Mitgefühl? Ergab sich für unseren Vater durch seine Distanziertheit, seine Passivität ein doppelter Gewinn? Erstens hatte er dadurch entschieden mehr Zeit für sich selbst und zweitens schaffte ihm die Position als Familienverweigerer mehr Aufmerksamkeit, mehr Wichtigkeit, mehr Macht. Wenn unsere Väter einst (und unsere Männer heute) daraus folgerten, dass sie, je mehr sie anwesend sind, umso unwichtiger, bedeutungsloser und machtloser werden, dann ist es für uns Frauen noch aussichtsloser, sie je in das anstrengende Boot der gemeinsamen Verantwortung zu zerren.

Männliche Verweigerung hat Tradition. In den Tausenden von Jahren patriarchalischer Gesellschaft waren Männer die Nutznießer einer Rollenverteilung, die ihnen Macht und Kontrolle mit in die Wiege legte. Unsere Väter benutzten sie dann, um sich einerseits gegenseitig umzubringen und sich andererseits vor den unangenehmen Dingen des Lebens zu drücken. Dabei ist es bedauerlicherweise nicht zu leugnen, dass sie in ihrer Familienbestimmerposition immer auf tatkräftige Unterstützung rechnen konnten: von unseren Müttern!

Unser Partner – und erst recht unser Vater – war in seiner Kindheit meist umgeben von Frauen: Müttern, Großmüttern, Tanten, Kindergärtnerinnen, Lehrerinnen ... – und alle vermittelten ihm das Gefühl, richtig und wahnsinnig wichtig zu sein, auch wenn er eigentlich nichts Besonderes dafür geleistet hatte. Diese Selbstverständlichkeit der Akzeptanz und Liebe, die ohne Gegenleistung einfach da ist, ist eine der männlichen Grundhaltungen, die uns Frauen vor Neid erblassen lässt und für die wir mindestens 1000 teure Therapiestunden nötig haben.

Die meisten unserer abwesenden Väter kamen aus Familien, in denen ihre Väter ebenfalls abwesend waren und ihr distanziertes Verhalten als ganz normal – »so sind Männer eben« – erlebt wurde. In diesem Zusammenhang lernten unsere Väter Reaktionen und Bewältigungstechniken, zum Beispiel »den Dummen zu spielen« oder vorzugeben, nichts zu bemerken, wenn die Mutter sich Sorgen machte oder sich nicht gut fühlte. Oft wuchsen unsere Väter in einer Atmosphäre auf, in der es zu einer gelungenen Familienfeier gehörte, dass die Männer sich öffentlich über ihre Frauen lustig machten und Beifall bekamen für Witze von dummen, nörgelnden, hysterischen Frauen. Blondinenwitze gab es in unterschiedlichen Ausprägungen schon immer, denn Frauen zu entwürdigen hat eine lange Tradition und gilt seit jeher als normales

Dominanzgebaren »richtiger« Männer. In Wirklichkeit ist dies jedoch Ausdruck männlicher Versagensängste. Auch sah man Partnerschaft früher eher als eine Art ehelicher Schicksalsgemeinschaft gegen die Unbill des Lebens und setzte Vaterschaft mit strenger Erziehung gleich.
Abgesehen von der überlieferten patriarchalischen Männerrolle ist die Kindheit unserer Väter, Großväter und Urgroßväter von den schweren traumatischen Ereignissen zweier Weltkriege geprägt. Die seelischen Auswirkungen des Grauens und der Verbrechen wirken, wenn auch verdrängt, heute noch unbewusst in jedem einzelnen ihrer Kinder, Enkel und Urenkel nach. Sie bestimmen heute, als eine Art toxischer Hintergrundton, das Männerbild und das Mann-Sein des Einzelnen und der Gesellschaft. Aus den Kriegen kamen an Körper und Seele zerstörte Männer, Ehemänner und Väter zurück. Sie waren Fremde, nicht nur für ihre Frauen und Kinder, sondern auch Fremde für sich selbst. Sie konnten den jungen Mann, der sie einst gewesen waren, nicht mehr wiederfinden. Ein anderer war an seiner Stelle aus dem Krieg zurückgekehrt und dieser andere hatte, um zu überleben, nur die Wahl gehabt zwischen Tod und Töten, zwischen Unterliegen und Unmenschlichkeit, zwischen Opfer und Täter.

Kriegsväter

Mein Vater starb vor meiner Geburt. Genau gesagt, er starb als deutscher Soldat in russischer Kriegsgefangenschaft an einer Lungenentzündung. Das erfuhr ich irgendwie, irgendwann. Schon damals, als Kind, fand ich es lächerlich, in einem Krieg an etwas so »Ordentlichem«

wie einer Lungenentzündung zu sterben, wo russische wie auch deutsche Soldaten im Kriegswinter 1945 nur noch verhungerten oder erfroren. Lungenentzündung, als wäre das Lager ein Krankenhaus gewesen, in dem gut ausgeruhte Ärzte Todesursachen diagnostizierten und in saubere Formulare eintrugen.

50 Jahre später sitze ich in der First Class der Thai Airways, trinke Champagner. Die Stewardess serviert salziges Gebäck und überreicht die Menükarten des Langstreckenflugs nach Bangkok. Ich kann wählen zwischen einer Lachs-Forellen-Terrine und Fleischspießchen mit Chilidip. Auf dem Monitor über mir wird die neue Flugroute nach Asien gezeigt. Wir überfliegen Russland. Es blinkt Minsk. Hier unter mir, vor 50 Jahren, ist mein Vater in einem russischen Gefangenenlager verreckt. Er war Nazi.

Mein Vater war ein schöner Mann. Es gibt ein Foto von ihm und ich wünsche mir, dass es meine Mutter aufgenommen hat. Es ist schwarzweiß. Die Person, die die Aufnahme gemacht hat, befindet sich direkt hinter ihm. Sie sitzen in einem Boot, mein Vater rudert oder hält die Segelpinne. Er trägt Shorts, sein Oberkörper ist nackt, braun gebrannt, muskulös. Das Foto ist nicht groß, damals gab es ein Einheitsmaß von 5 × 8 Zentimetern, trotzdem ist die Sinnlichkeit seines nackten Rückens überwältigend. Der- oder diejenige, die dieses Bild festhielt, war von diesem Rücken hypnotisiert. Er ist der Mittelpunkt des Bildes. Wenn das Foto meine Mutter gemacht haben sollte, war sie in dem Moment von der Unsterblichkeit überzeugt und von Gott und davon, in den Tälern und in dem Licht dieses Rückens angekommen zu sein. »Alles ist richtig, ich bin endlich zu Hause.«

Ein Jahr, nachdem meine Mutter, 79-jährig, verstorben war, schickte mir ihr Altersheim einen Brief des Deutschen Roten Kreuzes nach. Sie bedauerten es, meiner Mutter erst nach 50 Jahren verbindlich mitteilen zu können, dass ihr Ehemann am 14. Februar 1945 in Minsk verstorben sei, knapp drei Monate vor Ende des Krieges. Damals, im Februar 1945, war ich sechs Monate alt.
Ich habe nie erfahren, ob er von mir wusste, ich habe auch nie gefragt. Meine Mutter und ich redeten nicht über ihn. Am Anfang sagte sie nichts, später fragte ich nicht mehr. Wenn sie etwas sagte wie »Dein Vater hatte auch so ein gutes Gedächtnis« oder ähnliche Intimitäten, schwieg ich sie erschrocken und voller Groll aus. Es war, als könne ich den Verlust unwirklich machen, indem ich ihn ignorierte. Wenn es keinen Vater gab, gab es nichts, was ich vermissen konnte; ich leugnete ihn, seine Erinnerung, seine Existenz, sodass es nichts geben konnte, was mir hätte fehlen können. Ich erschuf mich selbst – eine Tochtermutter – ein Monstrum.

Der Gefallene

Keine meiner Sandkasten-, Kindergarten- oder Schulfreundinnen war ohne Vater. Ich war die Einzige. Ein Stigma. Da war ein Krieg gewesen, ihm folgten viele geflüsterte Worte, die wir Kinder nicht hören durften, mit Andeutungen, nicht zu Ende gesprochenen Sätzen, »Dafür bist du noch zu klein«-Ausgrenzungen – eine ständige Präsenz eines dunklen Geheimnisses, etwas Unaussprechlichem, etwas Bösem, irgendwie verbunden mit dem gleichfalls präsenten Nicht-Vater. Ich lernte, dass die Dinge, die nicht da sind, da sind. Ich lernte, dass was nicht gesagt wurde, das Gemeinte war; ich lernte, dass die Blicke ins Nichts etwas sahen. Ich lernte, dass die Blicke, die mich ansahen, mich nicht sahen; ich lernte, dass die Worte nie das aussagten, was sie vorgaben; ich lernte, dass man mich berührte und durch mich hindurchgriff zu jemand anderem; ich lernte, dass nichts so war, wie es schien. Ich wurde ein sehr aufmerksames Kind.

Ich war die Einzige, deren Vater »gefallen« war. Die Väter meiner Freundinnen, meiner Klassenkameradinnen, alle waren zurückgekehrt. Wo waren die Toten? Ausgeblendete, abgespaltene, verdrängte Opfer und Täter? Wurden sie auf die gleiche Art getötet wie ich meinen Vater umgebracht hatte, indem ich ihn verleugnete?

Im Ersten Weltkrieg starben 1,8 Millionen deutscher Soldaten, im Zweiten 5,25 Millionen. Etwa 25 Prozent aller Ehemänner, Väter, Brüder, Söhne waren tot und mit ihnen Millionen ihrer Opfer. Eine Ungeheuerlichkeit, ein Wahnsinn, ein Verbrechen. Unsere Mütter wollten darüber nicht mehr sprechen und tauschten Vatis besten Anzug gegen ein paar Kartoffeln.

Meine Mutter verliebte sich in einen Kriegsheimkehrer, Frauenhelden und Alkoholiker. Wenn er neben mir im Ehebett mit meiner Mutter schlief, drehte er vorher das Bild meines Vaters, das über dem Bett hing, um. So einfach verschwanden sie, die Männer aus ihren Ehebetten, die Väter, die uns hätten retten sollen. Auch ich drehte sein Bild in mir um. Er hatte mich im Stich gelassen, sollte er dafür büßen!

Ohne Vater aufzuwachsen, bedeutete für uns Nachkriegstöchter, Frauen zu werden, die nicht die geringste Ahnung von Männern hatten. Wie verhalten sich »richtige« Männer, was tun »böse«, was tun Väter, was nicht? In meinem Kinderuniversum waren Männer Angst machende Alkoholiker oder nette, unverbindliche Besuchsonkel. Als mein Bruder zur Welt kam, hoffte ich auch noch nach seiner Geburt, dass er ein Mädchen sei. Etwas Männliches, sei es auch nur ein Baby, war einfach zu fremd, um es annehmen zu können. Und da ich nicht wusste, was ein Mann ist, wusste ich auch nicht, was ein Mann und eine Frau zusammen sind, was eine Ehe, eine Familie und Liebe ist und was nicht. Ich war unvollständig und darum immer sehr angestrengt und sehr alleine. In meinen späteren Beziehungen zu Männern schwankte ich hilflos zwischen Faszination und Ablehnung, zwischen Macht und Ohnmacht. Der Münchner Psychoanalytiker Wolfgang Schmidbauer beschreibt die Orientierungslosigkeit dieser Töchter in »Ich wusste nie, was mit Vater ist«: »Für die in der Kriegs- und Nachkriegszeit geborenen Frauen war es außerordentlich erschwert, Weiblichkeit als etwas zu erleben, das auf einen Mann (und nicht auf ein Kind) bezogen ist.«

Kriegsmütter

Heike, Hausfrau, 62, geschieden, zwei Kinder:

»Ich bin im Krieg geboren, in meiner Kindheit gab es nur Frauen: meine Mutter, Großmütter, Tanten, Freundinnen, Nachbarinnen. Ich war sehr erschrocken, als die ersten Männer aus dem Krieg kamen, ihre lauten Stimmen, wie sie rochen, sie machten mir Angst. Mein Vater kam nicht zurück, ich war nicht unglücklich darüber. Ich war von Frauen umsorgt und geliebt. Später, wenn ich erwachsen war, wollte ich auch Mutter von vielen Kindern sein. In meinen Träumen gab es keinen Mann. Die Frauen, die ich kannte, waren glücklich mit uns Kindern, und wenn sie, was ganz selten vorkam, von ihren Männern, Vätern und Brüdern sprachen, wurden sie sehr traurig. Das wollte ich nicht werden.«

Für meine Mutter war die Tatsache, dass mein Vater »nicht aus dem Krieg kam«, die Bestätigung ihres eigenen persönlichen Mangels und somit ihrer eigenen Schuld. Ihre Mann- und meine Vaterlosigkeit waren »irgendwie richtig«, denn sie war selbst ein mutter- und vaterverlassenes Kind gewesen.

Meine Mutter wurde mitten im Ersten Weltkrieg als viertes Kind, elf Jahre nach dem nächstälteren Bruder, geboren. Ihre Mutter war bei der Geburt schon Ende 40. Die Zeugung, das Kind – ein Versehen, nicht gewollt, nicht erwünscht. Es war Krieg, der Vater Soldat, die schon erkrankte Mutter konnte sich kein Kind mehr leisten. Neun Jahre später starb sie an Krebs. Das Kind – meine Mutter – war Opfer und Täter zugleich und schuldig für immer.

Als sie später nach nur eineinhalb Ehejahren zur Kriegswitwe wurde und mich als »Halbwaise« vaterlos zur Welt brachte, war sie 27. Während meiner Kindheit schwang zwischen uns ein heimlicher Schwur, ein unausgesprochener Pakt: »Sieh, mein geliebtes Kind, wie es mir einst ergangen ist, so ergeht es jetzt auch dir. Endlich bin ich nicht mehr alleine mit meinem Schicksal, du teilst es mit mir. Du bist mein Kind und erlöst mich aus meiner Einsamkeit.«

Die Umkehr des Eltern-Kind-Verhältnisses nennen Fachleute »Parentifizierung«. Es bedeutet, ein Kind übernimmt die Rolle der Mutter oder des Vaters, sodass der entsprechende Elternteil weiterhin ein zu versorgendes Kind bleiben kann.

Meine Mutter hatte mich geboren, um durch mich die Sehnsucht nach der bedingungslosen Liebe ihrer zu früh verstorbenen Mutter und ihres verstorbenen Mannes zu stillen. Ich sollte ihr die Mutter sein, sie nie verlassen, immer für sie da sein, sie lieben, für sie sorgen, alles wieder gutmachen. Dazu schreibt Wolfgang Schmidbauer weiter: »Wo Eltern die Belastung durch Kriegs- und Nachkriegserlebnisse nicht verarbeiten konnten, entsteht in den Kindern ein Motiv, dafür zu sorgen, dass es den Eltern gut geht und Konflikte die Familie nicht sprengen.« Obwohl ich mich unermüdlich um meine Mutter kümmerte und ihr alles gab, Zeit, Aufmerksamkeit, Blumen, Reisen, Geschenke und sogar mich selbst, konnte ich doch das tiefe Loch in ihrer Seele nie füllen. Das Gefühl versagt zu haben und somit schuldig zu sein, begleitete mich mein Leben lang, wie auch die wachsende Wut, die dahinter versteckt lag. So folgte ich meiner Mutter als gelehrige Tochter in ihre einsamen Gefühlswelten nach.

Meine Mutter erzählte nichts von sich, nichts »von früher«. Das Erzählen war ein Tabu. Als Kind glaubte ich, dass das Fragen an sich das Unheil sei. Solange ich keine Fragen stellte, war auch nichts passiert. Nicht das Geschehen war entsetzlich und grausam, sondern das Wissenwollen. Meine Fragen brachten meine Mutter zum Weinen, bereiteten ihr Schmerzen, ließen sie leiden und krank werden. Also hörte ich auf, Fragen zu stellen.

Der Heimkehrer

Mein Vater kam nicht aus dem Krieg in den Frieden zurück. Die Heimkehrer waren für mich fremde, schattenhafte Gestalten, die dunkel und stumm in den Wohnküchen der anderen Kinder saßen. Unheimlichen Gästen gleich, von denen meine Freundinnen still hofften, dass sie bald wieder gehen würden.

Nie hatten die Mütter die Hoffnung aufgegeben, dass unser »lieber Vati« aus dem Krieg zurückkommen würde, doch stattdessen stand eines Tages ein Soldat in der Tür, der nicht mehr wusste, was er mit uns gemeinsam hatte. Verwirrte, orientierungslose Männer, die hinter dem Wiederaufbau und dem »schließlich muss man mal den Schlussstrich ziehen!« ihre Scham und ihre Hilflosigkeit versteckten und sich so verhielten, als wäre ihre Kriegsvergangenheit ohne Bedeutung für ihre Friedensgegenwart.

Auch erwarteten sie, wieder das hilfsbedürftige, lebensuntüchtige Mädchen vorzufinden, das sie einst geheiratet hatten, und waren verwirrt, an ihrer Stelle eine Unbekannte vorzufinden. Während des Krieges hatten sich viele unserer Mütter zu starken, mutigen Frauen entwickelt, die ihre Kinder tapfer und alleine durch Bombennächte, Hungersnot und Flucht brachten.

Die Kriegsheimkehrer waren unsere Väter oder die Väter unserer Väter: vom Krieg schwer traumatisierte Männer, zutiefst in ihrer Menschlichkeit beschädigt. Sie kamen zurück und waren sprachlos und gefühllos.

Viele Männer aus der Generation unserer Väter und Großväter brachten aus ihrer meist autoritär geprägten Geschichte einerseits das Verlangen mit, sich masochistisch einer größeren Macht zu unterwerfen, somit ein Teil von ihr zu sein, um nicht von der eigenen Bedeutungslosigkeit überwältigt zu werden; andererseits auch das vermeintlich gegenteilige Bedürfnis, in der Machtausübung grausamer Destruktivität den Gefühlen der eigenen Ohnmacht zu entkommen.

So entstanden von ihrem Selbst und somit ihrer Menschlichkeit abwesende Männer, hilflose Helden, die nach Gehorsam, Pflichttreue, Leistung und Erfolg bewertet wurden und nicht nach ihrer Fähigkeit zu lachen, zu lieben oder mitfühlend zu sein. Die Fähigkeit, ein menschliches Herz zu haben, wurde in männlichen Strukturen als weibliche und somit kindliche Eigenschaften disqualifiziert.

Von diesen heimgekehrten traumatisierten Kriegern erwarteten ihre Frauen und Kinder sehnsüchtig die lang entbehrte emotionale und körperliche Versorgung. Diese erloschenen Männer sollten wieder Herr im Hause sein, dabei waren sie nicht einmal mehr in sich zu Hause.

Untersuchungen haben immer wieder bestätigt, dass Überlebende von Katastrophen und Kriegen stark unter Schuld- und Schamgefühlen leiden, selbst »davongekommen« zu sein. Auch glauben die Betroffenen, nur dann weiterhin existieren zu können, wenn es ihnen gelingt, die traumatischen Erinnerungen an das Grauen des Krieges zu verdrängen. (Ein Trauma, griech. für »Wunde«, ist, was ein Mensch als extreme Bedrohung für sein Ich erlebt.) Die Abwehrformen des Traumas sind laut Horst Petri (»Das Drama der Vaterentbehrung«) unter anderem »psychische Ertaubung, die Gefühlsanästhesie, die Abstumpfung, die eingefrorene Trauer, die Apathie und der Bindungsverlust«.

DER SPIEGEL (Nr. 49/1. 12. 03) zitiert in dem eingangs erwähnten Artikel »Seele aus Eis. Die Erforschung der

Gefühlsarmut« eine Untersuchung von Matthias Franz und seinen Mitarbeiten zum Thema Alexithymie, der so genannten Gefühlsblindheit. Die Wissenschaftler kamen zu einem überraschenden Ergebnis: »Es scheint also«, erklärt Franz, »als würden alexithyme Gehirne emotionale Eindrücke durchaus registrieren – aber sie blocken die emotionale Verarbeitung dann in einem sehr frühen Stadium ab.« Vieles spricht dafür, dass Alexithymie als eine Art Panzer dienen könnte, mit dem sich ein Mensch nach allzu schlimmen Erfahrungen umschließt.

Ich hatte als Kind eine Technik entwickelt, mich schmerzfrei zu schalten. Am äußersten Punkt der Bedrohung konnte ich mein System herunterfahren. Damit betrat ich die freie Zone. Nichts erzeugte in mir ein Gefühl; Angst, Panik, Furcht, Entsetzen, Einsamkeit, Trauer, Verzweiflung waren Worte ohne Empfindung, alles wurde still und leise, doch auch die Blumen, der Himmel, die Sterne waren ohne Bedeutung, ohne Gefühl, ohne Freude, alles war leicht und gleichgültig, ich war ohne Resonanz – eine Scheintote.

In erwähntem SPIEGEL-Artikel wird auch auf die Weitergabe des Kriegstraumas hingewiesen: »Subic-Wrana meint sogar beobachtet zu haben, dass Eltern mitunter die Alexithymie an ihre Kinder weitergeben: ›Bei meinen Patienten habe ich oft den Eindruck, dass auf diese Weise das Leid der Kriegsgeneration noch immer bis tief in unsere Gesellschaft ausstrahlt‹.«

Der Zellbiologe Rupert Sheldrake stellt in seinem revolutionären Buch »Das Gedächtnis der Natur« seine Entdeckung der »morphischen Felder« vor, die auch ein Erklärungsmodell für die Weitergabe des verdrängten Traumas sein könnten. Er beschreibt Verhaltensanlagen, die »von nachfolgenden Generationen ausagiert werden, selbst wenn sie keinerlei Kenntnis der Vergangenheit haben«. Sheldrakes Theorie basiert auf der modernen Forschung über Energiefelder. Diese Felder geben nach seinen Untersuchungen die Form und das Verhalten und somit auch die Verdrängung des Traumas wie auch das Trauma selbst an die nächste Generation weiter. Vereinfacht beschrieben geschieht dies ähnlich wie das Senden der Bilder und Töne unserer Fernsehprogramme, die wir auf dem heimischen Bildschirm durch Energiewellen empfangen. Ulrich Wickert sitzt nicht wirklich in dem Fernseher Ihres Wohnzimmers, er ist nur ein Energiefeld, das die Form von Ulrich Wickert hat, der echte befindet sich in einem Studio in Hamburg. Die Theorie der fortbildenden Felder könnte eine Erklärung für die generationsübergreifende Übertragung von Familienmustern, wie Murray Bowen dieses Phänomen nannte, sein.

Unsere Väter hofften, das Trauma des Kriegs einfach vergessen zu können, und so wuchsen wir Kriegs- und Nachkriegskinder unter der Beschwörung »Was du nicht weißt, macht dich nicht heiß« auf und brachten selten das merkwürdige Verhalten unserer Väter mit deren Kriegserlebnissen in Zusammenhang. Niemand erklärte uns, dass ihre Abwesenheit, ihre Teilnahmslosigkeit, ihre Sprachlosigkeit, ihr Mangel an Mitgefühl, Interesse, an Austausch Zeichen ihrer Ohnmacht und ihrer Hilflosigkeit waren und zugleich ein hoffnungsloser Versuch, ihrer Scham und Schuld zu entkommen.

Das Trauma der millionenfachen Vaterverluste und der Verlust der »Väterlichkeit« durch die beiden Weltkriege liegt noch immer abgespalten in unserem kollektiven Unterbewusstsein und wird von den Kindern, Enkeln und

Urenkeln mit »Damit habe ich nun wirklich nichts mehr zu tun!« vehement abgewehrt.
Zugleich feiert die Faszination »Hitler« und des »Bösen« ungebrochen in allen Medien düstere Auferstehung. Gründe dafür liegen hoffentlich nicht nur in cleveren Verkaufsstrategien, sondern auch in dem Bedürfnis, unser kollektives Trauma aus seiner Abspaltung und Verdrängung ins Bewusstsein zurückzubringen. Nicht um unseren Eltern und Großeltern zu verzeihen oder sie gar zu entschuldigen, sondern um zumindest die Ursachen ihres Handelns nachvollziehen zu können und dadurch vielleicht ihr Handeln zu begreifen. Durch Erkenntnis können wir uns aus unserer seelischen Abwesenheit befreien und statt dem Irrweg »Wenn ich nichts fühle, leide ich auch nicht« weiter zu folgen, die wahrhaft angemessene Trauer, die Scham und Schuld endlich zulassen und durchleben. Es sind die geleugneten Schattenseiten des Einzelnen und der Gesellschaft, die es zu erkennen und anzunehmen gilt, denn: »Was immer du begräbst, begräbst du lebendig.« (*anonym*)

Die Hauptspur

»Wir sind die, auf die wir gewartet haben.«

June Jordan

Bedürfnisse und Mängel

Ein Kind kommt auf die Welt, um zu wachsen, sich zu entfalten und zu lieben. Mit der Durchtrennung der Nabelschnur ist es zwar ein eigenständiges Wesen, erfährt sich aber in körperlicher und emotionaler Einheit mit der Mutter. Auch wenn junge Väter heute in Geburtsvorbereitungskursen mit ihren Frauen gemeinsam hecheln und bei der Geburt des Kindes ihre Hand halten, bleibt in der Regel diese Erstverschmelzung eine Verschmelzung mit der Mutter. In ihrem Körper haben wir als Kind neun Monate lang optimalerweise Versorgung und Geborgenheit erfahren, sie stillt uns, ihr Geruch, ihr schlagendes Herz, ihre Stimme sind uns vertraut. Das Baby und die Welt um es herum sind noch eine Einheit.

Erst gegen Ende unseres ersten Lebensjahres beginnen wir zwischen ICH und DU zu unterscheiden und nehmen uns zunehmend als eigene Person und von der Mutter getrennt wahr. Um am Leben zu bleiben, ist das Kind völlig abhängig von der Betreuung anderer, in der Regel der leiblichen Eltern. Länger als jedes Tier bleibt es in dieser Abhängigkeit von Mutter und Vater, ohne deren Versorgung es stirbt.

Versorgung bedeutet für den Säugling und das Kleinkind in erster Linie körperliche Versorgung: die Befriedigung der Primärbedürfnisse wie Hunger, Durst und Schlaf. In zweiter Linie – und dies ist genauso lebenswichtig – kommt es auf die seelische, emotionale Versorgung durch ein liebevolles Zugewandtsein der Eltern zum Kind an. In den ersten Lebensjahren fasst das Kind seine emotionalen Wurzeln, die nur mit echter elterlicher Liebe wachsen können. Diese »Wurzeln der Liebe« sind unbedingt erforderlich, da sie das Fundament für sein späteres Vertrauen, seine Selbstachtung, sein Selbstwertgefühl und seine Beziehungsfähigkeit bilden.

Wenn das Bedürfnis, das wir als Kinder nach Versorgung, Wärme, Aufmerksamkeit und Wertschätzung unserer Einzigartigkeit hatten, in unserer Kindheit nicht befriedigt wurde, dann werden wir uns in unserem späteren Leben immer an Menschen und Dinge klammern, die uns »befriedigen« sollen. Ewig Abhängige, die in der Außenwelt nach Bestätigung suchen, tragischerweise meistens genau bei denjenigen, die unsere wirklichen Bedürfnisse aus eigener Konditionierung nicht sehen oder gar ablehnen. Wir suchen sehnsüchtig nach Erlösung und statten darum eine Designer-Handtasche oder unseren Partner mit der magischen Macht aus, unsere unerfüllten Kinderbedürfnisse hier und jetzt zu erfüllen. Was uns einst als Kindern ein echtes Bedürfnis nach körperlicher und seelischer Versorgung war, ist uns heute als Erwachsenen ein falsches. Damals gab es für uns keine andere Möglichkeit, als unseren Schmerz und unsere Hilflosigkeit über die erlittenen Enttäuschungen zu verdrängen, zu leugnen und die ersehnte Befriedigung auf später zu verschieben. Jetzt sind wir erwachsene Frauen und fordern unerbittlich, dass der einstige Mangel unserer Kindheit von anderen Menschen, die wir zu einer Art Ersatzeltern gemacht haben, beseitigt wird. Unerschütterlich glauben wir daran, dass sich alle unsere heutigen Probleme lösen würden, wenn unser sich widersetzender Partner nur endlich auf unsere alten Bedürfnisse und Forderungen einginge. Genau hier liegt die tiefe Ursache für fast alle unsere Beziehungsdramen.

Das Grundgefühl von Mangel bestimmt von nun an unser Leben. Um diesen Mangel auszugleichen, stopfen wir uns voll mit Schokoriegeln, Schuhen und Liebesverhältnissen und werden doch nie satt, denn der ursprüngliche Hunger ist nicht zu stillen. Was ist geschehen, dass unsere Eltern uns so »hungrig« gelassen haben – und vor allem: Warum taten sie es?

Mutter und Vater sind die Welt des Kindes. Ihr Verhalten gegenüber ihrem Baby, ihrer Umwelt und die Art und Weise, wie die Eltern miteinander umgehen, prägt das Kind. Ist die Mutter heiter, gelassen oder ängstlich und gestresst, ist der Vater zärtlich oder unsicher, streiten sich Vater und Mutter oder fließt die Liebe zwischen beiden – es ist die Welt des Babys, es hat keine andere. Die Eltern müssen sich ständig zwischen ihren eigenen Bedürfnissen und denen ihres Kindes entscheiden, eine Aufgabe, die nicht »richtig« zu lösen ist und viele Eltern in einem permanenten Zustand des schlechten Gewissens gefangen hält. Ein Kind stellt eine Partnerschaft komplett auf den Kopf, sie macht aus einem Paar, Mann und Frau, Eltern – eine harte Bewährungsprobe. Andere Mütter und Väter haben Schwierigkeiten, ihre ambivalenten Gefühle dem Kind gegenüber zuzulassen oder Seiten ihres Kindes zu tolerieren, die nicht ihren Vorstellungen und Bedürfnissen entsprechen. Das Schreien ihres Babys erinnert sie vielleicht an die Ohnmacht ihrer eigenen Kindheit, in der ihre Hilflosigkeit und Verzweiflung sie wütend gemacht hat. Diese Wut zuzulassen und auszudrücken war dem Kind von damals unmöglich gewesen und wird jetzt auch dem eigenen Kind verweigert. Eine Strategie, die es möglich macht, die Tatsache der eigenen Verletzung weiter zu verdrängen und dadurch zu leugnen.

Eltern, die seit ihrer Kindheit von ihren ursprünglichen Gefühlen abgeschnitten sind, ist es nicht möglich, die eigenständigen Bedürfnisse ihres Kindes wahrzunehmen. So wurden wir als Kind von den Bedürfnissen, Wünschen und Ängsten unserer Eltern geprägt.

Da wir uns als Säuglinge nicht selbst versorgen konnten, ist unsere Erfahrung, als Kind alleine gelassen zu werden und keine Antwort auf unser Schreien nach Zuwendung zu bekommen, die schwerste Bedrohung für unser Überleben. Ohne die wertschätzende Resonanz und liebende Anwesenheit unserer Eltern wurden wir von unserer Bedeutungslosigkeit und Einsamkeit überwältigt, eine Ohnmacht, die in ihrem Kern Todesangst war. Diese Erfahrung ist elementar, es geht dem Kind um das nackte Überleben und so speichert es: Leben = Versorgtsein, Anwesenheit = Liebe. Später wird dieses Kind alles daransetzen, Gefühle von Einsamkeit und Ohnmacht zu vermeiden, da es Angst vor seiner Bedeutungslosigkeit hat. Nichtversorgte Kinder waren in der Geschichte der Menschheit lange Zeit todgeweihte Kinder. Die Angst vor Mangel und Nichtversorgung sind Urängste, die auf der anderen Seite dafür sorgten, dass das Kind alle ihm zur Verfügung stehenden Überlebensressourcen aktiviert. Das Kind lernt schnell, still zu sein, nicht wütend zu werden, nicht zu schreien, damit die Mutter zu ihm kommt, es füttert, es streichelt. Um sein Überleben zu sichern, bleibt das Motiv des Kindes die Vermeidung von Mangel. So verdeckt die Anpassung an die Eltern nur den Mangel, der weiter existent ist. Die Vermeidung von Mangel beinhaltet den Mangel.

Die Unterdrückung und Verdrängung des Grundgefühls von Mangel kann sich später in allen Arten von Süchten äußern oder in der völligen Verdrängung eigener Wünsche. Gut getarnt kann es sich auch in allen Ausdrucksformen der Macht äußern, die dann das Mittel sind, all das zu bekommen, was man einst so schmerzlich entbehrt hat.

Auch Eltern waren Kinder

Dass auch die gruseligsten Eltern einst einmal hoffnungsvolle Kinder waren, ist für viele Menschen schwer vorstellbar. Wenn wir uns jedoch deren alte Kinderfotos anschauen, dann können wir erstaunt oder berührt feststellen, dass auch sie Eltern und damit wahrscheinlich ähnliche Probleme wie wir hatten.

So war für unsere Eltern, wie auch heute für uns, folgende Tatsache schwer zu glauben: ALLE Eltern geben immer ihr Möglichstes. Es gehört zur menschlichen Tragik, dass ihr Möglichstes selten auch das Beste für uns Kinder ist und meist auch nicht das Beste für ihre eigene seelische Entwicklung. Oft konnten unsere Mütter und Väter die Bedürfnisse ihres Kindes nach Nähe, Geborgenheit, Anregung und Ruhe nicht richtig interpretieren und stellten durch ihre Ablehnung oder Überfürsorglichkeit die »Gefühlsweichen« des Kindes. Der Grund für ihre subjektive Wahrnehmung ist ihre eigene Lebensgeschichte, ihr eigenes Drama des »verletzten Kindes«. Körperlich oder emotional nicht anwesende Eltern haben ihr eigenes Trauma. Auch sie waren einst nicht versorgte Kinder.

Die »Anwesenheit« der Eltern setzt voraus, dass die Eltern ein »anwesendes Selbst« haben, und das ist sehr selten der Fall. Mit großer Sicherheit geht ein erheblicher Teil der Misere auf unserem Planeten auf die traumatischen Kindheitserlebnisse unserer Eltern, Großeltern, Urgroßeltern usw. zurück.

Um das Verhalten unserer Eltern zu verstehen – nicht zu vergeben –, sollten wir uns deshalb fragen: Wie war deren Kindheit? Wie wurden sie erzogen? Wie war wiederum die Kindheit ihrer Eltern?

Vielleicht entdecken wir, dass unsere abwesenden Eltern ein abwesendes Selbst haben, denn auch ihre Kindheit war geprägt von mangelnder Achtung und Toleranz für ihre Gefühle – stattdessen erfuhren sie zumeist Manipulation und Leistungsdruck. Eltern, die als Kinder selbst ihre Grundbedürfnisse an Zuwendung und Aufmerksamkeit mangelhaft oder gar nicht erfüllt bekommen haben, bleiben bedürftig, sie suchen ihr ganzes Leben nach jemandem, der sie versteht, sie wichtig nimmt, auf sie eingeht, sie achtet und immer liebt.

Das innere Kind

Inzwischen sind wir erwachsen, doch was einst für uns als Kind gegolten hat, gilt immer noch für uns. Unser Gedächtnis speichert unsere Erinnerungen ab. Auf den richtigen Reiz hin – in unserem Fall: Abwesenheit – kommt es zu einer Regung und die Erinnerung mit den dazugehörigen Gefühlen wird freigegeben. Entscheidend ist: Für dieses Speicherprogramm unseres emotionalen Gedächtnisses existiert nur die Gegenwart. Der ursprüngliche Schmerz unserer Kindheit wird zum gegenwärtigen authentischen Schmerz. Unsere inneren verborgenen Welten werden von vielen unterschiedlich alten Kindern bevölkert, die alle ihre eigenen Verletzungen und Ängste haben. Diese unversorgten Kinder sitzen immer noch in unserem Herzen und kämpfen ums Überleben. Alle diese Kinder sind wir selbst.

Auch wenn uns als Erwachsenen die Gefühle des ursprünglichen Schmerzes meistens nicht bewusst sind – oder wir diese Gefühle mit Macht, Überlegenheit und Perfektion kaschieren –, leben wir doch weiter alleine gelassen in einer einsamen Welt. Das kleine, verzweifelte Kind in uns liegt hungrig und weinend im Bett seines dunklen Kinderzimmers und weder Vater noch Mutter erlösen es. Der verzweifelte Versuch, aus dieser unerträglichen Situation, aus dieser Hilflosigkeit und Ohnmacht zu fliehen, hält unser ganzes Leben lang an. Der ursprüngliche Schmerz lebt in unseren Herzen, auch wenn wir inzwischen Top-Sales-Managerin oder Frontfrau eines TV-Senders geworden sind.

Nur mit äußerster Anstrengung können wir diese bedrohlichen Gefühle von unserem Bewusstsein fern halten, diese immerwährende Anstrengung ist ein Energie- und somit Lebensfresser, sie hinterlässt erschöpfte und kraftlose Frauen. Um endlich diesem Teufelskreis zu entfliehen, glauben Frauen, sie müssten sich noch mehr anstrengen, sich noch mehr Mühe geben, noch mehr Thera-

pien und Diäten machen und werden doch nur immer kraftloser, enttäuschter und am Ende ernsthaft physisch krank.
Irgendwo in der Tiefe unserer Seele steht versteckt eine von uns behütete Kinderkiste, deren Schlüssel wir nicht finden können und die die Aufschrift »Wunder« trägt. Seit wir als kleine Mädchen Märchen erzählt bekommen haben und später erleichtert Julia Roberts als »Pretty Woman« in den Armen von Richard Gere zurückließen, hoffen wir, dass es auch für uns Rettung gibt, dem eigenen Drama zu entkommen und das Ruder herumzureißen: Auf der Bühne unseres Lebens erscheint der Prinz auf einem weißen Pferd, erstürmt unsere einsame Burg, wo wir übereilig die weißen Fahnen hissen, auf denen in riesigen Lettern »Alles wird gut!« steht.
Wenn Frauen endlich IHM begegnen, springt ihre Hoffnung an, vibrierend wie ein Zwölfzylinder: Er wird mich immer versorgen mit Liebe, mit Aufmerksamkeit, mit allem, nach dem ich so hungrig bin! Endlich! Er wird mich retten, er wird mich nie verlassen, ich werde nie mehr einsam sein. Er und ich, wir sind eins.
Das sind Kinderträume, die sich besonders tragisch entwickeln, wenn der Prinz König Blaubart heißt und ebenfalls in seinen gefährlichen Kinderträumen lebt. Zwei träumende Kinder spielen Erwachsene, beide halten ihre Albträume für die Wirklichkeit. Würden sie aus ihren Träumen aufwachen und die Augen öffnen, dann könnten sie zwei Geschöpfe erblicken, die vollkommen unvollkommen, wundervoll und peinlich, stark und schwach, mutig und feige, aufregend und langweilig und alles gleichzeitig sind – das Wunder der Einzigartigkeit und Individualität: der Mensch!

Der Friede, nach dem wir uns alle so sehr sehnen, erfordert den Mut, das Hamsterrad anzuhalten, auszusteigen, sich in eine ruhige Ecke zu setzen und in uns selbst nach dem zu suchen, was wir von anderen so verbissen fordern und erfolglos »herauszulieben« versuchen.
»Denn ganz gleich, wie schwer eure Kindheit war, wie viele negative Erfahrungen ihr gemacht habt und wie grausam der eine oder der andere Elternteil gewesen sein mag, es ist nicht die wahre Ursache für euren Schmerz. Die Ursache ist eure Hartnäckigkeit und Beharrlichkeit, an Bedürfnissen festzuhalten, die heute falsch sind, zu fordern, dass die Umstände anders sind, als sie sind, und dass das Leben heute alles wieder gut macht und euch unentgeltlich nur gibt, euch den Empfangenden sein lässt und aus dem großartigen Spiel des Lebens heraushält. Das ist es, was euch heute wirklich verletzt und schmerzt.« Eva Pierrakos (»Der Pfad«)

Das falsche Selbst

Wer bin ich? Was bin ich nicht? Bin ich etwa nur meine Freude und meine Wut bin ich nicht? Bin ich nur mein Glücklichsein und meine Traurigkeit bin ich nicht? Was ist echt, was ist falsch? Was ist mein richtiges Selbst und was ist mein falsches? Und wie kann ich sie unterscheiden?
Wir waren alle kleine Kinder und voller Neugier auf die Welt. Wir wollten anfassen, begreifen, brachten die unterschiedlichsten Begabungen und Fähigkeiten mit, um zu wachsen und zu lieben. Die meisten von uns erfuhren jedoch, dass unser ursprüngliches und einzigartiges Selbst

von unseren Eltern nicht erwünscht war, abgelehnt oder missachtet wurde. Wir erlebten Überfürsorglichkeit, wo wir Raum gebraucht hätten, unsere Eigenständigkeit zu entwickeln, oder vermissten Unterstützung, wo wir überfordert wurden und ganz dringend der Hilfe eines Erwachsenen oder Elternteils bedurft hätten. Um den Bedürfnissen und Vorstellungen der Eltern zu entsprechen, haben wir uns bemüht, von unserem ursprünglichen Wesen abzurücken und wurden das Kind, das unsere Eltern lieben konnten. Wir passten uns an, um zu überleben und lernten sehr schnell, ihre direkten oder indirekten Bedürfnisse zu erfüllen. Bedürfnisse, die aus ihren eigenen seelischen Verletzungen gewachsen waren.

Der liebevolle oder ängstliche Blick der Eltern, ihr Zu- und Abwenden, ihre warme oder kalte Stimme, ihre Nähe oder Abwesenheit programmierten unseren ursprünglichen wahren Wesenskern, unser richtiges Selbst, um. Wir wurden durch Belohnung oder Bestrafung manipuliert, statt in unserer einzigartigen Lebendigkeit angenommen und willkommen zu sein. So löschten wir zwangsweise unsere Individualität und entwickelten ein falsches Selbst. Dieses falsche Selbst setzte sich aus den Verhaltensweisen, Gefühlen, Bedürfnissen und Wünschen zusammen, welche unsere Eltern als liebenswert zuließen und die uns zu ihren geliebten Kindern machten.

Wir redeten uns ein, dass unser falsches Selbst uns unverwundbar macht, weil wir glaubten, mit unserem richtigen Selbst auch unsere unerträglichen Gefühle der Hilflosigkeit und Ohnmacht gelöscht zu haben. Nur vergaßen wir dabei, dass wir mit dem Verlust unseres wahren Selbst auch unsere Liebesfähigkeit und die Liebe zum Leben überhaupt verloren hatten.

Der amerikanische Kinohit »Matrix« zeigt auf beklemmende Weise Menschen, die im falschen Selbst, in der Matrix, leben, ohne es zu bemerken. Sie leben, agieren völlig normal, nur sie sind nicht »echt«. Ihr »richtiges Selbst« existiert in Kokons gefangen, von Maschinen bewacht, in unterirdischen (unterbewussten) Räumen. Nur Neo, der Held des Films, hat eine intuitive Ahnung, dass etwas nicht stimmt. Er folgt seiner menschlichen Neugierde, die ihn dazu treibt herauszufinden, was wirklich dahinter steckt. Seine Reise in sein wahres Selbst ist die in allen Mythologien beschriebene Reise des Helden, die eine Allegorie zum Lebensweg bzw. der Entwicklung des Menschen ist. Der Held/die Heldin muss bereit sein, seine/ihre Grenzen und Mauern niederzureißen, Schmerzen zu ertragen, dem Tod ins Auge zu sehen, um am Ende in seinem/ihrem Schloss (seinem richtigen Selbst) als König/Königin zu leben.

Aus der Annahme des falschen Selbst resultiert eine neue Überlebensstrategie des Kindes: Alle Handlungen der Eltern werden schöngeredet und die eigenen Bedürfnisse als etwas Falsches, Gefährliches, Feindliches betrachtet. Die Abspaltung von unserem wahren Selbst bewirkt, dass wir wenig oder keine Erinnerung an unsere Kindheit mehr haben, eine Amnesie, um die Sehnsucht nach unserem echten ICH zu leugnen und ertragen zu können.

Das Motiv des falschen Selbst ist Todesangst, das Mittel Anpassung. Um das falsche Selbst aufrecht zu erhalten, müssen wir unsere Hilflosigkeit ablehnen, bei uns und später bei den eigenen Kindern. Die Mittel dieser Ablehnung sind Verleugnung oder Wut, die Folge Schuldgefühle, deren Folge wiederum Hilflosigkeit ist und so weiter und so weiter ...

Karen, 52, Erzieherin, verheiratet, eine Tochter:

»Ich war schon weit über 40, als ich zum ersten Mal richtig wütend wurde. Wut war in unserer Familie ein Tabu: ›Was sollen denn die Leute denken!‹ Wenn ich als Kind mal wütend wurde, weil ich zum Beispiel meine Zähne nicht putzen wollte, hatte meine Mutter Tränen in den Augen und ging stumm weg. Mein Vater dagegen wurde ganz kalt und warf meiner Mutter vor, dass sie mich falsch erziehen würde.«

Wenn das Kind nicht die Möglichkeit hat, auch seine negativen Gefühle, wie Wut, Zorn und Groll, auszudrücken, aus Angst, seine Eltern würden sich von ihm abwenden, dann hätte es auch nicht den Mut zu fragen: »Wie wäre es, wenn ich böse, hässlich, zornig, eifersüchtig, faul, schmutzig, stinkend vor euch gestanden wäre? Wo wäre dann eure Liebe gewesen?« Alice Miller (»Das Drama des begabten Kindes«)
Im einsamen Kinderzimmer redeten wir uns ein, dass alles gut würde, Mami und Papi uns endlich lieben könnten, wenn wir nur bereit wären, ihnen unser ungeliebtes richtiges Selbst zu opfern.
Die »richtige« Tochter und die »falsche« Tochter, die Stieftochter, sind Thema vieler Märchen, die uns vor dem Einschlafen erzählt wurden. Märchen sind der Widerhall menschlicher Prozesse, in zeitlosen Geschichten erzählt. Wie im Traum benutzt die Seele verschlüsselte Symbole und die Polarisierung von richtig und falsch, gut und böse, um Gefühlskonflikte darzustellen und Lösungen aufzuzeigen, in denen das Gute, die richtige Tochter, das richtige Selbst am Ende obsiegt.

So legt im Märchen die falsche Tochter die richtige Tochter in eine Kiste, verschließt sie mit einem schweren Schloss und versteckt die Kiste mit dem richtigen Selbst in den hintersten Räumen des Schlosses (Seele). Doch das richtige Selbst liegt, wie Dornröschen, nur unter einem Bann und wartet darauf, wachgeküsst zu werden. Dass hier viele Frauen jede dahergelaufene Kröte für »den« Prinzen halten und erst nach zwei Kindern den Irrtum bemerken, gehört zu den »dirty Tricks« des falschen Selbst.

Das falsche Selbst kann nicht lieben. Was es für Liebe hält, ist Bedürftigkeit. So sucht es sich ein anderes falsches Selbst, damit sie sich gegenseitig mit unersättlichen Forderungen ausbeuten können. Es kann nicht anders, es hat Liebe nur in Abhängigkeit erlebt, in Abhängigkeit zu einem abwesenden Vater, einer enttäuschten Mutter. Darum wählen wir uns unsere Partner nach der schlimmsten aller Möglichkeiten aus: Habe ich unter Verachtung gelitten, finde ich mich an der Seite eines verachtenden Mannes wieder, habe ich Nichtangenommensein erfahren, wird mein Partner diese Eigenschaften haben, war ich das vergessene Kind, wird mein Mann mich vergessen. Das falsche Selbst ist zu Hause in diesen Gefühlen. Und so unfreundlich, traurig, kalt und einsam dieses Haus, das in Wirklichkeit ein Gefängnis ist, auch sein mag, das falsche Selbst kennt kein anderes, es wird mit aller Kraft darum kämpfen, dort zu bleiben wo es bisher, wenn auch in Ketten, überlebt hat. Das Angebot eines neuen, freundlicheren Zuhauses, in dem die anderen Menschen ihm mit Achtung, Aufmerksamkeit und Liebe begegnen, wird das falsche Selbst nicht annehmen können und wollen. Denn diese Welt ist ihm fremd und somit gefährlich, sie macht ihm Angst.

Das falsche Selbst sucht falsche Liebe, hier kennt es sich aus, das ist ihm vertraut. So wie es unzählige Rollen des falschen Selbst gibt, so gibt es auch vielfältige Formen der falschen Liebe. Woran die Liebe zu erkennen ist, beschreibt der Psychoanalytiker Erich Fromm in »Die Kunst des Liebens«: »Ob Harmonie waltet oder ob es Konflikte gibt, ob Freude oder Traurigkeit herrschen, ist nur von sekundärer Bedeutung gegenüber der grundlegenden Tatsache, dass zwei Menschen sich vom Wesen ihres Seins her erleben, dass sie miteinander eins sind, indem sie mit sich selbst eins sind, anstatt vor sich selber auf der Flucht zu sein. Für die Liebe gibt es nur einen Beweis: die Tiefe der Beziehung und die Lebendigkeit und Stärke in jedem Liebenden.«

Es gehört zu den Wundern des Lebens, dass Lebendiges, solange wir es nicht töten, auch unter den feindlichsten Bedingungen weiterlebt. So ist das richtige Selbst noch am Leben, denn wir haben es einst bei lebendigem Leib begraben. Es erfordert unsere ganze Kraft, seine bedrohliche Lebendigkeit in den hintersten Kammern unseres Unterbewusstseins unter Verschluss zu halten. Mit dem falschen Selbst können wir uns recht und schlecht durchs Leben wurschteln, wir haben viele Menschen mit einem falschen Selbst zur Gesellschaft, sind gute Konsumenten und brave Bürger. Nur in dem uns Frauen so lebenswichtigen Bereich, dem Reich der Gefühle, der Beziehungen, der Liebe ist das falsche Selbst wie die falsche Kleidergröße – wir passen einfach nicht zusammen.

Der abwesende Mann an unserer Seite spiegelt unser abwesendes Selbst. Nicht seine Abwesenheit macht uns so fassungslos, sondern unsere eigene.

Wir geraten in Panik, die Kontrolle über das eingesperrte richtige Selbst zu verlieren, besonders dann, wenn wir uns anderen Menschen öffnen, uns verlieben. Wir können nicht glauben, es könnte uns jemand lieben, wenn wir wir selbst sind. Wenn die ganz Mutigen unter uns ihr wahres Selbst wiederbeleben, dann müssen sie sich dieser Angst stellen, dass dieses Selbst von niemandem, besonders nicht von dem attraktiven Kollegen in der Marketingabteilung, geliebt werden wird, da unser richtiges Ich nicht einmal die eigenen Eltern liebten.
Doch wie in Neo, dem Held in »Matrix«, gibt es auch in jedem von uns eine Instanz, eine Stimme, die leise ruft, mal hören wir sie mehr, mal weniger. Sie ist die Stimme des Lebens, der Entfaltung, der Lebendigkeit, die uns klipp und klar anweist, mit den Phantasievorstellungen aufzuhören, dass irgendeine romantische Liebesaffäre, irgendein Traumjob, irgendein Lottogewinn oder die klitzekleine Gucci-Tasche unsere tieferen Seelenbedürfnisse erfüllt und auf Dauer befriedigt.

Lara, 27, Studentin, ledig:

»Das eigene ICH ist meine Identität und die entsteht dadurch, dass ich werde, was ich wirklich bin!«

Sollten wir bereit sein, unser richtiges Selbst aus seinem Versteck herauszuholen, müssen wir ihm vorsichtig beibringen, dass da draußen weder Papa noch Mama auf es gewartet haben. Es muss von nun an für sich selbst sorgen – aber wir sind ja auch noch da!

»Mutter ist an allem schuld!«

Spätestens seit Sigmund Freud ist »Mutter an allem schuld« – und wir Töchter haben es erleichtert zur Kenntnis genommen. Ein klares Feindbild hat sich gezeigt: zu wenig Liebe, zu viel Liebe, richtige oder falsche Ernährung, Mutter – die Herrin über Lust und Frust. Sie ließ uns im dunklen Kinderzimmer alleine, sie war unberechenbar, lieb oder launisch, tröstete uns oder nicht; und vor allem hatte sie sich einen Mann, unseren Vater, ausgesucht, der nach ihren Aussagen ein totaler Versager war oder sie zumindest mit »allem«, vor allem mit uns, alleine ließ.

> Ruth, 34, Sekretärin, geschieden:
>
> »Meine Mutter war für alles zuständig, vom Essenkochen bis zur Buchhaltung, vom Wadenwickel bis zum Elternabend. Von unserem Vater weiß ich nur noch, dass er auf dem Sofa lag, seine Ruhe brauchte und wir ihn nicht stören durften.«

Unser desinteressierter und abwesender Vater überließ uns der mütterlichen Übermacht und übergab ihr hinter seiner Zeitung versteckt bereitwillig die Verantwortung für unser Wohl und Weh. Von nun an war sie an allem schuld. Nicht nur an unseren Missetaten, sondern auch am »falschen Mann« im Haus, denn sie war offensichtlich einst bei der Wahl des Vaters ihrer Kinder einem tragischen und folgenschweren Irrtum erlegen! Unsere Mütter taten ihr Möglichstes, um den abwesenden Vater zu ersetzen, indem sie ihre Bemutterung verdoppelten. Seine Teilnahmslosigkeit trieb unsere Mütter in eine über-

triebene Fürsorge. Voller Scham und Groll versuchten sie zu retten, was nicht mehr zu retten war.
Mütterliche Verzweiflung hat viele Gesichter und bereitwillig folgten wir Töchter unseren Müttern nach auf den leidvollen Wegen der Ohnmächtigen:

Martina, 44, Hausfrau, verheiratet, zwei Kinder:

»Eigentlich verachtete meine Mutter meinen Vater, vielleicht hasste sie ihn sogar. Er war selten zu Hause, aber wenn er da war, ließ er seine schlechte Laune an uns aus. Meine Mutter ließ kein gutes Haar an ihm, beschwerte sich bei mir ständig über sein Verhalten und ich musste sie dann trösten; sie liebte mich sehr, wir waren eine richtig kleine Schicksalsgemeinschaft.«

Oder wir erlebten eine Mutter, die sich seelenwund bemühte, das Versagen ihres Mannes als Vater und Ehepartner schönzureden, nach dem Motto »Papa ist auch sehr traurig, dass er am Wochenende ins Büro muss!« Daneben gab es diese gruseligen alles entschuldigenden Mütter: »Dein Vater ist nun mal viel beschäftigt!« Oder die, die ihren Mann aus der Verantwortung entließen: »Schließlich bringt er das Geld nach Hause!«
Denn trotz allem Groll und Zorn über den abwesenden Ehemann ist die Loyalität der Familie und dem Partner gegenüber tief in der Frauenseele verwurzelt und immer noch das erste Gebot für eine »gute« Mutter. Dagegen wäre im Prinzip auch nichts zu sagen, wo doch mangelnde Loyalität auf unserer Männer-Negativ-Liste im Topbereich liegt, doch in Katastrophenbeziehungen wirkt sich dieses Frauengebot verheerend aus, besonders für die

Kinder. Es bewirkt, dass Mütter die Verantwortungslosigkeit, die Bequemlichkeit und die Vermeidung von Zuständigkeit ihrer Männer den Kindern und sich selbst gegenüber decken, schönreden und vertuschen. So erleben die Kinder ihre Mutter, meist ihre einzige erwachsene Bezugsperson, als Lügnerin und aus ihrem Mitgefühl mit Mutti wird Verachtung.

Obwohl wir berücksichtigen, dass diese Mütter aus ihrer eigenen Seelennot heraus handeln, ist ihr Gebaren trotzdem mütterlicher Machtmissbrauch, dessen dumpfes Echo sich durch das Leben der Töchter ziehen wird, besonders beeinträchtigend durch ihre Liebesbeziehungen. Dieses mütterliche Echo sagt nein zu Männern und sagt auch nein zu den männlichen Anteilen in unserer Psyche, die die Befähigung, Grenzen zu setzen, Forderungen durchzudrücken und Bedingungen zu stellen, umfassen. Wir väterverlassenen Töchter waren in der Loyalität zu unserer Mutter gefangen. So rechtfertigen wir mit dem »Nein« zu unseren eigenen Männern nachträglich das Verhalten unserer traurigen, zornigen Mütter.

Vielleicht hilft uns die Erinnerung, dass unsere Mütter selbst kaum in der Lage waren, bedingungslos zu lieben und somit das »mütterliche Prinzip« an uns weiterzugeben. Außerdem glaubten diese hilflosen Mütter, ihren Kindern zusätzlich noch »Vater« sein zu müssen, außer »Super-Mom« auch noch »Super-Dad«: ein zum Scheitern verurteiltes Unterfangen. Orientierungslos zwischen Rollenvorgaben und Mutterpflichten hin- und hergerissene Frauen hinterließen rat- und orientierungslose Kinder.

Wir Töchter sind zwar ohne ein Bild vom »richtigen« Mann und guten Vater aufgewachsen, dafür jedoch mit einem erdrückenden Vorbild der tatkräftigen, starken, alles schaffenden, wenn auch traurigen und wütenden Mutter.

Wir Töchter schworen uns »So wie meine Mutter werde ich nie!« und fassten den Entschluss, auf jeden Fall in unserem Leben alles klüger und anders zu machen als sie. So suchten wir uns einen Mann und gaben unser Bestes! Und irgendwann Mitte 30, mit einem Baby im Arm, schauen wir uns um und stellen fest, dass uns unser Leben irgendwie bekannt vorkommt – den Film kennen wir schon, nur dass jetzt wir selbst und nicht unsere Mutter die tragische Hauptrolle in dem Drama »Mutti allein zu Haus« spielen –, das Hamsterrad dreht sich weiter und weiter.

Mama + Papa = Eltern?

Der Mythos »Elternliebe« ist unantastbar, selbst wenn sich die elterliche Liebe in Manipulation, Vernachlässigung, Strafe, Schlägen, Betrug, Ausbeutung und Missbrauch darstellt. Einen guten Vater oder eine gute Mutter erkennt man daran, dass für sie das Wohl des Kindes und nicht das eigene Wohl im Mittelpunkt steht. Ein totalitärer, narzisstischer Anspruch des Säuglings an die Eltern, dessen ungestörte Befriedigung die Voraussetzung für die Entwicklung der Selbstachtung, des Selbstvertrauens und der Fähigkeit, »Ja« zu seinem Leben und zum Leben überhaupt zu sagen, ist.

Der Begriff »Eltern« reduziert sich jedoch nicht nur auf eine rein biologische Positionierung. Alle Menschen kommen mit einem inneren Bild, einem inneren Abdruck vom

Mutter- und Vaterprinzip zur Welt. Es sind laut Carl Gustav Jung Archetypen (Urbilder) vom Bemuttert- und Bevatertsein: Erfüllung der Grundbedürfnisse von Versorgung, Schutz, Angenommensein und bedingungsloser Liebe. Kinder kommen auf die Welt mit dieser Erfahrung vom »Versorgtsein«. Ob aus der Symbiose des embryonalen Zustands mit der Mutter oder aus der Erinnerung an himmlische Seinszustände mag jeder für sich entscheiden. Die ideale Mutter, das ideale mütterliche Prinzip, liebt ihr Kind bedingungslos, es muss keine Erwartungen erfüllen; der ideale Vater dagegen, das väterliche Prinzip, liebt sein Kind, weil es seine Bedingungen und Regeln erfüllt, väterliche Liebe ist somit an Bedingungen geknüpft. Das Mutter- und das Vaterprinzip sind sich ergänzende Polaritäten, die dem Kind alle Möglichkeiten und allen »Ausdruck des Menschseins« mit auf den Weg geben. In dieser archetypischen Polarität, die nichts mit kulturell bestimmten Geschlechterrollen zu tun hat, entwickelt sich das Kind zu einem Erwachsenen, der sein Leben selbst in die Hand nimmt. In diesem Idealfall lernt es angemessen, Nähe und Distanz, Freiheit und Grenzen, Freude und Trauer zu erleben, Konflikte zu ertragen, Verantwortung für sich zu übernehmen, um zu wachsen und sich selbst »Eltern« zu sein, d. h. sich selbst zu bemuttern und zu bevatern. Dann hat es in sich eine Mutter, die zu ihm sagt: »Du bist so gut, wie du bist. Du bist einzigartig – und egal, was du tust, ich liebe dich.« Und einen Vater, der sagt: »Übernimm die Verantwortung für dein Handeln, ändere dein Verhalten, damit ich dich auch weiterhin lieben kann.« Um diese Stimmen in uns hören zu können, brauchen wir als Vorbild anwesende Eltern, Eltern die uns um unser selbst willen lieben und die sich um ihrer selbst willen lieben.

Nur wenige Kinder konnten sich in der Selbstachtung und dem Selbstwert ihrer Mutter und ihres Vaters spiegeln. Wir hatten im besten Fall Eltern, die sich alle Mühe gaben, im schlechtesten konnten sie nicht mal das.

Wahrscheinlich wünscht sich jedes Kind »mehr Eltern«, vielleicht »mehr Mama«, doch ich bin sicher, dass kaum einer »genug Papa« bekommen hat, es sei denn in seiner destruktiven, Macht missbrauchenden Form, die hier nicht Thema sein soll.

Die Beziehung zu den Eltern und deren Beziehung zu ihrem Kind sind das Grundmuster (Schnittmuster) für die psychische Reifung und somit vor allem für die Beziehungsfähigkeit des Menschen. Eltern haben die Macht, diesen Prozess zu fördern, zu behindern oder zu stören. Viele unserer Eltern waren in den eigenen Dramen ihrer geheimen Ängste gefangen, waren Gespaltene ohne wahres Selbst, die ihre eigene Hilflosigkeit und Schwäche nicht ertragen konnten und diese – und meist Gefühle überhaupt – als etwas Gefährliches und Feindliches ablehnten.

Wer hatte nicht als Kind die feste Überzeugung, bei der Geburt vertauscht worden zu sein, denn diese lieblosen Menschen konnten unmöglich unsere richtigen Eltern sein. Sie waren böse, dumm, berechnend, kontrollierend, überfordert, falsch, anspruchsvoll, herrschsüchtig, kalt, kleinkariert, zwanghaft, feige, leicht beleidigt, nörgelnd, besserwisserisch – auch wenn sie uns damals hin und wieder ein Eis kauften. Sie waren nicht die Traumeltern, die wir uns als Kinder so verzweifelt herbeigesehnt haben. Sie sind, was sie sind! Nicht mehr und nicht weniger. Es kann eine große Erleichterung sein, dies zu akzeptieren und unsere Eltern so sein zu lassen wie sie sind. Es ist ihre Aufgabe sich zu ändern, nicht unsere.

In guten wie in schlechten Zeiten

Durch unsere Eltern erfuhren wir hautnah, was Partnerschaft, Ehe und Liebe bedeuten, aber auch wie Mutter und Vater miteinander Probleme und Konflikte lösten oder nicht. Als Kinder beobachten wir unsere Eltern sehr genau. Nicht nur, wie Mutter und Vater sich uns gegenüber verhalten, sondern auch, wie sie miteinander umgehen, ob sie im lebendigen Austausch sind, miteinander lachen können oder nur ein reibungslos funktionierendes Team sind, ob ihre Augen leuchten, wenn sie sich erblicken oder erkalten. Wir spürten sehr genau, ob sie sich liebten oder sich verachteten.

Monika, 59:

»Meine Eltern haben 50 Jahre in Scheidung gelebt.«

Welches Elternbild wir auch vermittelt bekommen haben, es ist unsere Vorgabe, unsere Orientierung für unsere eigenen Beziehungen. Und diese Vorgabe, dieses Vorbild ist für die meisten von uns unzulänglich bis katastrophal. Die Abwesenheit des Vaters, seinen seelischen Rückzug aus der Familie, versuchten unsere Mütter, wie beschrieben, so gut sie es konnten auszubalancieren. Doch auch mit aller Mühe konnten sie uns nicht alleine vorleben, wie Mann und Frau eine gute Ehe führen. Elternschaft, Partnerschaft, ist »Frauen-schaft«. Nicht nur, weil unsere Mütter von unseren Vätern im Stich gelassen wurden, sondern weil die meisten unserer Väter selbst in der Abhängigkeit zu ihren Müttern stecken geblieben sind, sodass sie eher schlecht gelaunten Pubertierenden glichen als gleichberechtigten Partnern.

Monika, 56:

»Mein Mann ist eigentlich mein drittes Kind!«

Mutterschaft war die Realität unserer Kindheit, hier lernten wir, ihre Töchter, die Kraft, die Stärke, die Geduld und die Einsamkeit von Müttern und Frauen kennen. Aus diesem einseitigen Rollenbild entspringt die vielfach grenzenlose und unverständliche Bereitschaft von Frauen, ihre Männer zu bemuttern, indem wir hinter ihnen herräumen, ihre Wäsche waschen, ihr Essen kochen, ihre Garderobe aussuchen, ihnen den Rücken stärken, sie loben, sie trösten und für alles letztendlich Verständnis zeigen. So nörgeln und schimpfen wir mit ihnen wie Mütter mit ihren unartigen Kindern. Mit unserem Kummer hingegen wenden wir uns an verständnisvolle Erwachsene, wie zum Beispiel unsere beste Freundin. Nur im absoluten Notfall rufen wir unsere Mutter an, die uns wie immer entgegenhalten wird: »Jammere nicht, Kind, dein Vater war genauso!«
Nicht nur, dass unsere Mütter von ihren Männern emotional vernachlässigt wurden, wir mussten auch mit ansehen, wie unsere Väter sie abfällig behandelten, sich über sie lustig machten, sie hinter ihrem Rücken demütigten. Verwirrende Bilder. Einerseits erlebten wir unsere Mütter als sehr stark und mächtig, andererseits wehrten sie sich nicht, wenn ihre »schwachen« Männer sie öffentlich degradierten. So kam zur Verwirrung tiefe Scham über die eigene Wertlosigkeit, wenn der Vater es nicht einmal für

nötig befand, seine Missachtung der Familie gegenüber in der Öffentlichkeit zu kaschieren.
Diese Erfahrungen prägen zusätzlich unser Frauen- und Beziehungsbild, nach dem wir unsere Erwartungen, Wünsche und auch unsere Ablehnung für unser Leben und unsere Partnerschaft ausrichten. Ob wir so wie unsere Mütter werden wollen oder auf keinen Fall – wir verfügen nur über eine vermeintliche Freiheit der Wahl. »Wer vor seiner Herkunftsfamilie davonläuft, ist emotional ebenso von ihr abhängig wie der, der sie verlässt.« John Bradshaw (»Familiengeheimnisse«)

Die falsche Tochter

Dass in ihrer eigenen Kindheit abgelehnte Eltern ihre Kinder wiederum ablehnen, habe ich vorher beschrieben. Warum der Vater seine Tochter ablehnt, wie diese Ablehnung sich ausdrückt und welche Auswirkungen dies auf uns Frauen, unser Männerbild und unsere Beziehungen hat, dieser Spur werde ich in diesem Kapitel folgen.
Der Vater hat seine Vorstellungen von einer Tochter, die sich, von ihm begleitet, zur Frau entwickeln wird. Er bringt Werte und Wünsche und vor allem seine eigene Frauen- und Beziehungsgeschichte mit, die er in seiner Kindheit von Mutter und Vater vermittelt bekommen hat.
Diese Geschichte ist in den meisten Fällen die traumatische Geschichte von Sohn und Mutter, die Geschichte von Symbiose, Abhängigkeit, Vereinnahmung und Kontrolle, aber auch die von Zärtlichkeit, Fürsorge, Liebe und Trost. Ist der Vater, obwohl er im Äußeren als durchaus erfolgreicher Geschäftsmann agieren kann, in seiner emotiona-

len Entwicklung steckengeblieben, ist er im Inneren ein noch an seine Mutter gebundenes Kind, dann sucht er in seiner Tochter seine Mutter, um sie genauso zu vergöttern oder zu hassen – oder beides zugleich. Diese Väter vermittelten uns als kleines, abhängiges Kind, dass wir ihnen wichtig sind: »Ich brauche dich«, »Du bist das Wichtigste in meinem Leben«, »Ich weiß nicht, was ich ohne dich machen würde«. Wir schnappten begierig den Köder, der uns das ersehnte Gefühl von Bedeutung und Macht gab. Wir haben angebissen, damals bei unserem Vater und auch heute noch fallen wir bei jedem noch so unattraktiven Angler auf diesen Köder herein. Die Verlockung war und ist zu groß, als dass unsere bedürftigen Seelen ihr widerstehen könnten. Und jetzt haben wir statt Macht einen schmerzenden Angelhaken im Mund, zappeln um unser Leben und hoffen, dass der Angler uns für zu mickrig hält und schwer verletzt zurück in den Teich wirft anstatt uns genüsslich zu häuten, langsam anzubraten und während der Sportschau zu verschlingen.
Auch wenn die Mutti immer da war, die Kindheitsgeschichte der meisten unserer Väter ist von einem Mangel an echter emotionaler Versorgung und Wertschätzung geprägt, den das Kind als Erwachsener, hier als Ehemann und Vater, immer noch fühlt und somit vermeiden oder beseitigen muss. Mit unterschiedlichsten Strategien kompensiert er seine Gefühle der Unzulänglichkeit, indem er überheblich, besserwisserisch, autoritär, geizig oder zynisch ist und Gefühle als Schwäche ablehnt. Wie der Mann, der nach fünf Jahren Psychotherapie stolz verkündet, dass er nicht ein einziges Mal geweint hätte.
Hinzu kommt, dass der erlebte emotionale Mangel in der Kindheit Gefühle der Scham, der Schuld, der eigenen

Wertlosigkeit und der Wut ausgelöst hat, die weiterhin unbewusst das Verhalten des nun erwachsenen Vaters steuern. Und jetzt hält dieser Mann sein eigenes Kind, seine Tochter, im Arm. Vielleicht schreit sie sehr viel oder ist sehr still, vielleicht ist sie besonders niedlich oder eher nicht, vielleicht ist sie immer hungrig oder spuckt das Essen aus, der Vater wird mit seiner eigenen Geschichte auf sie reagieren. Was er mit Zuwendung, Anwesenheit, Aufmerksamkeit und Zärtlichkeit quittiert, wird für die Tochter das Regulativ für ihr Verhalten. Wenn es dem Vater allerdings unmöglich ist, seine eigenen Gefühle, wie zum Beispiel Wut und Scham, zuzulassen, und er sie tief in seinem Unterbewusstsein versteckt hält, wird er sich von den Wutausbrüchen seiner Tochter bedroht fühlen, wird versuchen, sie seiner Tochter »abzuerziehen« oder den Raum verlassen und die Mutter des Kindes rufen. Das Mädchen erlebt: Wenn ich wütend bin, werde ich bestraft oder Papi verlässt mich. Dieses Muster bestimmt als erwachsene Frau ihren Umgang mit ihrer Wut, vor allem in Bezug auf ihren Partner: Sie wird ihre Wut herunterschlucken, damit er nicht geht, sie nicht verlässt.

Sabine, 28, Studentin, ledig:

»Mein Vater konnte es nicht ertragen, wenn ich weinte oder traurig war. Er wurde dann ganz unglücklich, er wusste dann nichts mit mir anzufangen und ging weg.«

Väter können ihre Töchter auch dafür benutzen, ihre eigene verdrängte Sehnsucht nach Nähe und Zuneigung gefahrlos erfüllt zu bekommen. Während sie Angst haben, dass ihre Ehefrau, genau wie ihre Mutter einst, ihren Wunsch nach Nähe mit Kontrolle und Ansprüchen erwidert, ist die kleine Tochter keine Gefahr für sie. (Das Trauma des Missbrauchs durch den Vater klammere ich hier bewusst aus, da das Ausmaß dieser Verletzung im Rahmen dieses Buches von mir nicht ausreichend gewürdigt und respektiert werden kann.) Durch die Tatsache, dass die Tochter klein und hilflos ist, der Vater hingegen groß und mächtig, kann er angstfrei mit ihr umgehen. Die Tochter bedient den geheimen Mangel an Zuneigung und Liebe des Vaters, konfliktfrei – jedenfalls für ihn! John Bradshaw hält in »Familiengeheimnisse« fest: »... indem das Opfer die Leere eines Elternteils ausfüllt, wird es selbst emotional alleine gelassen und extrem liebesbedürftig.« Nur allzu gut kennen wir das Problem, dass erwachsene Frauen immer liebesbedürftiger werden, je mehr sie emotional allein gelassen werden. Dann lassen wir unseren Verstand sausen und fallen auf jeden daherkommenden Mann herein, der uns tief in die Augen blickt, etwas von »Auf Sie habe ich mein Leben lang gewartet« säuselt und sich nach einem anfänglichen Sinnesrausch nicht mehr bei uns meldet.

Damals waren wir uns sicher, dass Papa einen Grund dafür haben musste, uns nicht zu lieben – und der Grund konnten nur wir sein! Es war, als hätten wir den Schlüssel verloren, um das Kind zu sein, welches Papi lieben könnte. Und später wird das Mädchen als Frau verzweifelt wieder nach dem Schlüssel suchen: »Was muss ich bloß an mir ändern, dass ER mich liebt!« So glaubten wir damals als Kinder und leider noch heute, dass wir doppelt schuldig sind, erstens, weil wir offensichtlich nicht liebenswert sind und zweitens, weil wir unfähig sind, diesen Zustand zu ändern. Die daraus folgenden Gefühle der Hilflosigkeit und Ohnmacht sind unerträglich.

Helen, 48, Sachbearbeiterin, verheiratet, eine Tochter:

»... man verliert manchmal überhaupt das Gefühl, jemand zu sein.«

Verhaltensforscher weisen darauf hin, dass Kinder bis zu einem Alter von ungefähr sieben Jahren noch nicht fähig sind, Ursache und Wirkung voneinander zu trennen. Sie erleben sich als Mittelpunkt der Welt, alles was ihnen passiert, beziehen sie auf sich, die Menschen und Dinge sind ein Teil von ihnen. Darum fühlen Kinder sich für alles, was ihnen geschieht, ob gut oder schlecht, verantwortlich. Wenn die Eltern sich streiten, sogar wenn Mutter oder Vater krank sind oder gar sterben, glaubt das Kind, dass es daran schuld sei.

Woher sollten wir auch wissen, dass das, was Mama und Papa miteinander ausfochten, nichts mit uns zu tun hatte? Sie bezogen uns doch Tag und Nacht mit in ihr Drama ein, mit Blicken, mit Worten, mit Loyalitätsforderungen und Geheimnissen, die in dem Vampirsatz gipfelten: »Wenn ich dich nicht hätte!« Diese Zauberworte ließen uns glauben, dass wir mächtig sind, sodass wir Mami und Papi retten könnten, sie glücklich machen – dabei waren diese Worte die reine Ausbeutung unserer Kinderherzen. Sie weckten in uns Allmachtsphantasien, die uns dann später nicht gestatteten, etwas scheitern zu lassen – unsere Ehe zum Beispiel. Das magische Kind erlebt sich gleichzeitig sowohl hilflos als auch allmächtig. Wenn es in

seiner Entwicklung nicht erlernt, diese beiden Zustände voneinander zu trennen, sie folglich nicht unterscheiden kann, wird es als Erwachsener Macht mit Ohnmacht verwechseln und Ohnmacht mit Macht.
Kinder haben die Möglichkeit, ihre Seele zu retten, indem sie die sonst nicht zu ertragenden Gefühle der Verlassenheit, der Verletzung und der Hilflosigkeit verdrängen. Diese Abwehrmechanismen ermöglichen es dem Kind zu überleben, der Preis dafür ist ein lebenslang eingeschränktes Bewusstsein. Wie ich wieder betonen möchte, können diese Gefühle nur mit äußerster Anstrengung vom Bewusstsein ferngehalten werden und das zieht die Energie ab, die notwendig wäre, um wirklich lebendig zu sein.
Meine Erinnerungen an meine Kindheit sind schwach, Bilder wiederholen sich, es sind belanglose Bilder, ohne dass mit ihnen Gefühle einhergehen, tonlose Fotos, die mich nicht berühren, mir fast gleichgültig sind. Dabei wuchs ich in der Nachkriegszeit auf, meine Mutter war Kriegswitwe, wir lebten jahrelang mit ihrem neuen Verlobten, einem Alkoholiker, zusammen. Meine Mutter verlor ihr kleines Geschäft, unsere Existenzgrundlage, wir zogen ständig um, ich musste immer wieder Schule und Freunde wechseln. Bilder aus dieser Zeit zeigen meine Mutter und mich, wir sehen wie zwei verängstigte alte Frauen aus. Ich kann mich an nichts erinnern. Ich habe überlebt.

Vatertöchter

Wir Töchter erlebten in unserer Kinderewigkeit schmerzhaft, dass unser Vater nicht so war, wie wir uns dies wünschten, sondern Vater, das war ein Warten, ein Hoffen, eine Enttäuschung, eine Leere. Das Gefühl von Mangel ist echt, denn uns Töchtern fehlte die Hälfte vom Himmel. Mit den unterschiedlichsten Strategien versuchten wir, unseren Vater doch noch für uns einzunehmen. Wir wurden zum lieben, kleinen, hübschen Mädchen, anschmiegsam, bescheiden, immer bemüht, es allen, vor allem ihm, recht zu machen. Oder wir wurden sehr unartige Töchter und setzten unsere ganze Kraft und Kreativität ein, den Vater aus seiner Teilnahmslosigkeit »herauszuärgern«. Wir warfen ihm den Fehdehandschuh vor die Füße, indem wir seine vermeintliche Machtposition in Frage stellten, wir untergruben seine aufgesetzte Autorität und torpedierten seine im Büro gelassene Kompetenz. Und jetzt endlich nahm er uns wahr! Sein Zorn, seine Wut, seine Strafen nahmen wir Töchter triumphierend an, denn unser Kampf hatte sich gelohnt, Vati bemerkte uns! Die späteren Beziehungen solcher Töchter zu Männern werden genau nach diesem Muster ablaufen: Durch Aufmüpfigkeit, Streit, Aus-der-Rolle-Fallen wird diese Widerstands-Tochter desinteressierte Männer dazu bringen, sie wahrzunehmen. Viele Töchter legen es darauf an, ihren Vater zu provozieren, durch ihr Verhalten und ihre Kleidung. Mir ist es dabei sehr wichtig festzuhalten, dass das vermeintlich »aufreizende« Verhalten der Tochter immer den Vater im Blick hat und nicht den Mann. Das kleine Mädchen beobachtet sehr genau. Vielleicht hat sie bemerkt, wann ihr Vater Interesse zeigt, wodurch er aufschaut, was geschehen muss, damit er Frauen ansieht. Und das ahmt sie nach, in der unbewussten Sehnsucht, dass ihr Vater endlich auch ein Auge auf sie werfe. Gesehen werden – das ist ihr größtes Anliegen.

Andere vom Vater nicht gesehene Töchter ergreifen die Strategie der »Superfrau«, um dadurch den wohlwollenden Blick des Vaters zu erhaschen. Schon im Kindergarten sind sie hübscher und klüger als alle anderen Mädchen. Sie sind Klassenbeste, machen mit zehn ihre erste Diät, schreiben mit 17 ein Einser-Abitur, reiben sich mit 22 mit Anti-Aging-Creme ein, gehen mit 28 als Juniorpartner in eine New Yorker Kanzlei, lassen sich mit 29 die ersten Falten mit Botox unterspritzen und finden sich mit 45 in einer Ehe wieder, in der ihr Partner sie gegen eine 25-Jährige austauscht.

Um Vaters Bild der Wunschtochter zu entsprechen, legten wir die Seiten an uns ab, die er nicht an uns liebte und das waren meist die Seiten, die er auch bei sich ablehnte, wie Schwäche und Hilflosigkeit. Indem wir Papas kluge Tochter wurden, hatten wir einen Weg gefunden zu seiner Anerkennung, die wir fälschlicherweise für Liebe hielten. Unsere Intelligenz war unsere Überlebensstrategie.

Jessica, 45, Vorstandsvorsitzende, verheiratet, zwei Kinder:

»Ich war immer schon Klassenbeste, hatte ein Einser-Abi, habe Wirtschaftswissenschaften und Jura studiert und bin jetzt im Topmanagement einer internationalen Investment-Gruppe. Mein Vater war immer schon stolz auf mich, förderte mich, wo er konnte, und konnte gar nicht aufhören, von meinen guten Noten zu schwärmen. Ich liebe ihn sehr. Und obwohl ich verheiratet bin, rufe ich ihn immer zuerst an, wenn ich in meiner Karriere weitere Erfolge verbuchen kann.«

Hingegen konnte ein Vater, dessen Frauenbild mit Anschmiegsamkeit, Nachgiebigkeit und Hilflosigkeit einherging, die Entwicklung seiner Tochter zur Eigenständigkeit bremsen, wenn nicht sogar mit Liebesentzug verhindern: »Zu deinem Besten!« Später wird diese Tochter es schwer haben, ihre Wünsche nach Autonomie nicht mit Angst vor Liebesentzug und Schuld zu verbinden. Auch Töchter, die nach außen hin von ihrem Vater unterstützt und gefördert wurden, die sie zu guten Schulabschlüssen, Studium und Karriere ermutigten, erlebten oft, dass derselbe Vater unterschwellig Wert darauf legte, dass sie ihre Erfolge durch Folgsamkeit, Fleiß und Bescheidenheit erwarben. Weibliche Eigenschaften, die diese intelligenten Töchter dann später hinderten, in Führungsetagen aufzusteigen, weil es ihnen an Selbstvertrauen, Risikobereitschaft und Durchsetzungskraft fehlte.

Agnes, 44, Juristin, geschieden, ein Sohn:

»Mein Vater war sehr stolz auf mich, dass ich so intelligent war. Obwohl er ein sehr beschäftigter Mann war, nahm er sich viel Zeit für mich. Am liebsten mochte ich es, wenn wir gemeinsam Schach spielten, oder er stellte mir ganz plötzlich schwere Rechenaufgaben und wenn ich sie lösen konnte, war er sehr glücklich und erzählte allen, wie klug ich sei. Wenn ich aber einmal hinfiel und weinte, dann schickte er mich weg: ›Dafür ist die Mama da!‹ Ich kann mich nicht erinnern, dass er je einmal an meinem Bett gesessen hat, wenn ich krank war.«

Manche dieser folgsamen Töchter verstecken ihre unerwünschten Gefühle der Schwäche und Hilflosigkeit so erfolgreich, dass Papi und die Männerwelt sie zur Belohnung als ihresgleichen anerkennen und ihnen gönnerhaft eine Führungsposition überlassen.

Ist es tatsächlich so, wie Julia Onken in »Vatermänner« feststellt, »dass hinter jeder Karriere ein persönliches Dilemma steht. Berufliches Engagement als Schutzzone gegen das eigene Unglück«?

Kann eine erfolgreiche Karriere nicht auch freier und kreativer Ausdruck persönlicher Begabungen sein? Es hat den Anschein, doch leider ist die Erfolgsmotivation, genauso wie bei den meisten Männern, oftmals nicht authentisch, sondern in ihrem geheimen Kern der Kampf um Anerkennung von außen, eine Bestätigung, die das eigene Selbstwertgefühl nicht erbringen kann. Töchter von abwesenden Vätern handeln aus einem anderen System heraus, einer Art Paralleluniversum; es sieht sehr ähnlich aus, aber ist doch grundverschieden, denn vatervergessene Töchter fühlen, denken, handeln aus ihrem falschen Selbst heraus. Sie lehnen ihren Vater ab oder vergöttern ihn, sie sind seine kleine Prinzessin oder ein Nichts, doch immer sind sie auf ihn bezogen, in ihrer Hoffnung, ihrer Enttäuschung und in ihrer Liebe.

Hinter der Förderung der Tochter durch den Vater kann in vielen Fällen auch ein erschreckendes Bedürfnis stecken, sie zu kontrollieren und herumzukommandieren und dadurch die Autorität innerhalb der Familie zu festigen. Kinder spüren sehr genau, wenn etwas nicht stimmt, sie spüren auch, wenn der Vater nur so tut, als würde er sie fördern, aber in Wirklichkeit ihre Begabungen blockiert. Ein Weg, diesen verwirrenden Doppelbotschaften zu entkommen, besteht für das Mädchen darin, sich mit dem blockierenden Vater zu solidarisieren: Dadurch sabotiert sie sich selbst, oftmals lebenslänglich. Sie sanktioniert sein Verhalten als richtig und rettet für sich das Bild ihres »guten« Vaters. Ihr innerer Dialog lautet: »Sieh her, mein geliebter Vater, ich blockiere mich, ich sabotiere mich genauso wie du es tust. Ich bin nicht besser als du, kannst du mich jetzt lieben?«

Manche Väter kämpfen auch mit ihrer Tochter um die Macht, die sie in ihrer eigenen Kindheit, bei ihren eigenen Eltern, nicht hatten. Dieser Machtkampf zeigt sich nicht nur in großen dramatischen Auseinandersetzungen, sondern auch in vielen Kleinigkeiten des täglichen Zusammenlebens. Sich endlich nicht mehr hilflos fühlen, der Bestimmer sein, ist befreiend und verlockt selbst wohlwollende Väter, im Kinderzimmer die eigenen Bedürfnisse auszuleben.

Marion, 52, Grafikerin, geschieden, eine Tochter:

»Es passierte meistens beim Abendessen, mir war meist schon lange vorher schlecht, denn ich wusste, was kommen würde, es war so, als wäre es eine Art Zwang oder Ritual meines Vaters. Er sah wie immer durch mich hindurch, auch meine Mutter und meine Geschwister nahm er nicht wirklich wahr. Er blickte nur auf seinen Teller, während er sein Essen stumm in sich hineinschaufelte. Dann aber lehnte er sich zurück und während er sich Nachschlag nahm, kam die allabendliche, gefürchtete Frage: ›Na, erzählt mal, wer ist denn heute der Versager des Tages?! Lasst mich raten?‹ Er blickte, den Ahnungslosen spielend, selbstgefällig lächelnd in die Runde, bis sein Blick, wie jeden Abend, mich traf: ›Marion! Nun erzähle mal uns allen, was du diesmal vergeigt hast!‹«

Mittel der väterlichen Machtausübung sind Demütigungen, Verschleierungen, Verachtung, Spott, Lügen, Manipulation, Isolierung, Ängstigung, Liebesentzug. Sie alle zerstören das Selbstbewusstsein der Tochter, das heißt das Gefühl von Wert und Bedeutung des eigenen ICH und manchmal zerstören sie auch die Gefühle und überhaupt die Fähigkeit zu fühlen. Alice Miller beschreibt in »Am Anfang war Erziehung« das als Seelenmord, »was sich in einem Kind abspielt, das einerseits von seinen Eltern gedemütigt und erniedrigt wird und andererseits unter dem Gebot steht, die Person, die ihm das antut, zu respektieren, zu lieben und seinen Schmerz auf keinen Fall zum Ausdruck zu bringen«. Die abwesenden Väter erschufen Töchter, die statt eines authentischen Selbst eine dunkle Wunde in ihrer Mitte haben, an dessen Rand sie voller Sehnsucht und Wut ihr Leben lang sitzen bleiben. Wenige Dinge verursachen uns Menschen so viel Schmerz und Scham wie diese innere, ängstliche, schwache Stelle, wo wir uns so machtlos fühlen und immer bedürftige Kinder bleiben. Aus dieser Bedürftigkeit heraus ist es fast unmöglich, einen Selbstwert zu entwickeln, der die Grundlage ist, um als erwachsene Frau selbstsicher und selbstbewusst zu sein.

Ich werde gesehen, also bin ich

Wahrnehmung. Ich sehe, also bin ich, ich werde gesehen, also lebe ich. Ich werde nicht gesehen, also bin ich nicht.

Es gibt Blicke, es gibt Augenblicke. Es gibt nichts und alles. Der Mann, mit dem ich zusammenlebe, blickt mich an, doch er sieht mich nicht, er schaut ohne Resonanz. Wenn mich sein Blick trifft, obwohl er nie treffend ist, sondern eher zufällig in meine Richtung fällt, sehe ich, dass er mich nicht sieht. Ich blicke in Abwesenheit, in die Abwesenheit seines Augen-Blickes – ich, ein nicht gesehenes Nichts.
Ich selbst liebe es, Sonnenbrillen zu tragen. Ich habe Angst, dass meine Augen zu direkt sind, zu rücksichtslos, zu interessiert, zu bittend, zu fordernd, zu auflösend. Ich habe Angst vor meinen Augen. Sie sind ich. Eindeutig. Meine Augen retten mich. Was ich sehe, kann ich in Bezug setzen. Ich schaffe Sicherheit, mir kann keiner etwas vormachen, ich sehe alles. Ich bin sehr angestrengt. So viele Bilder. Ich kann jeden Film, den ich einmal gesehen habe, an den ersten Bildern wiedererkennen, eine Stadt an einem Haus, einen Menschen an einer flüchtigen Geste. Jedes Bild und auch noch die möglichen Varianten speichere ich ab. Ich bin von Bildern besessen. Ich bin von dem Gesehenen besessen. Ich bin vom Gesehenwerden besessen. Durch Gesehenwerden von dem schrecklichen Gefühl des Übersehenwerdens, des Nichtexistentseins erlöst zu werden: Ich werde wahrgenommen, also bin ich.
Abwesenheit von sich, ihrem Selbst, ist ein Grundgefühl von Frauen, deren Identität nicht von den Augen des Vaters, mit seiner Liebe und Bewunderung, zurückgespiegelt worden ist. Ohne Resonanz aufzuwachsen, ohne vom »ersten Mann«, unserem Vater, in unserer Einzigartigkeit liebevoll wahrgenommen und angenommen zu werden, lässt uns zu traurigen Frauen werden.

Als junges Mädchen inszenierte ich mein Äußeres derart auffällig, dass die Menschen, denen ich auf der Straße begegnete, mich ansehen mussten, mich mit Blicken verfolgten, mich wahrnahmen. Mein Tag war ein umso lebenswerterer Tag, je mehr Menschen mich ansahen, und ich war ein Nichts, war tot, wenn die Augen der anderen an mir vorbeiglitten. Ich war ständig unter Druck, ich kämpfte um mein Leben, musste täglich diesen Kick bekommen. Ich lernte schnell, womit ich Erfolg hatte, womit nicht, ich war besessen davon, wahrgenommen zu werden. Eine Sucht. Nur durch dieses Sehen, Gesehenwerden von den anderen war ich existent, sonst existierte ich nicht. Mein Vater starb in russischer Kriegsgefangenschaft, er hat mich nicht gesehen – tote Vaterblicke.
Das Kind will den Blick des Vaters, doch der Vater ist nicht da. Er ist tot oder, was noch viel schlimmer ist, er ist anwesend abwesend. Er ist abwesend, weil er im Büro arbeitet, er ist abwesend in seinem Alkohol, er ist abwesend in seinem Selbst. Töchter, die von ihren Vätern nie mit »dem« Blick, »So wie du bist, bist du richtig für mich!«, angesehen worden sind, haben in ihrer Mitte kein stabiles ICH, das in der Lage ist, sich klar vom DU zu unterscheiden. Sie wissen nicht genau, wo sie enden und der andere Mensch beginnt. Noch als erwachsene Frauen sind sie grenzenlos, können keine Grenzen setzen, sie lösen sich im anderen auf, lassen andere in sich hinein, sind sprachlos, wehrlos und dahinter versteckt unendlich wütend.
Die übersehenen Töchter sind später meist überforderte Frauen. Außen präsentieren sie die Hüllen einer erwachsenen, patenten, klugen Frau, doch in ihr leben unsichtbar unzählige verletzte, verwirrte, unglückliche und wütende Mädchen. Ich habe mit Frauen gesprochen, die

diese Kinder in sich verleugnen: »Ich kann mich an meine Kindheit nicht erinnern«, »Da war alles ganz in Ordnung, ich erinnere mich nur schwach« ... Doch diese kleinen Mädchen in uns sind immer da: magische, mystische Kinder, die nicht älter werden und weiter daran glauben, sie bräuchten nur noch etwas lieber, schöner, dünner oder klüger zu sein, dann würde Papi sie endlich ansehen und sie endlich lieben.

Ich wurde hyper-sehend. Ich sah alles, merkte mir alles. Ich schuf mir meine Lebenssicherheit, indem ich alles Gesehene analysierte, bewertete, ständig davon bedroht, dass es »nicht ist, wie es scheint!«. Ich war immer angestrengt. Um den Druck zu mildern, trank ich zu viel Whiskey und Wein, um weniger Angst zu haben, weniger zu fühlen. Es funktionierte für einen Abend, am nächsten Morgen fühlte ich mich schlecht und schuldig, was mich sehr anstrengte. Ein Gefühl der Schuld folgte dem nächsten.

Nicht gut genug zu sein, heißt schuldig zu sein und ist für die meisten von uns eine Art Grundzustand unserer Existenz, den es zu verheimlichen gilt. Um unser Versagen zu verstecken, benutzen wir einen Kunstgriff, der darin besteht, die Schuld für unsere Minderwertigkeit auf andere Menschen, unsere Umwelt oder das Schicksal zu projizieren. Projektion ist die Verlagerung eines inneren Vorgangs in die Außenwelt, eine Art Abwehrmechanismus eigener Schattenthemen – der Anteile unseres Charakters, die wir ablehnen.

Diese Projektion schafft zwar vordergründige Erleichterung, aber zu dem hohen Preis, uns dadurch in nicht endenden Schmerzen und Konflikten mit unseren Mitmen-

schen zu befinden – was uns wiederum hilflos und verzweifelt macht.
In dem schwarzen Abgrund unserer Ohnmacht sitzt versteckt das kleine Mädchen, das wir einmal waren. Es tut weiterhin alles, um endlich »gesehen zu werden«. »Sieh mich an!«, sagt es, »damit ich erkennen kann, dass ich nicht du bin. Dass ich ich bin.«

Männerblicke

Jeder von uns kennt die Überwältigung, die aus der Begegnung der Augen resultiert. Sie ist die Erinnerung an die alles ausfüllende Seligkeit unseres ersten Augenblicks, wo wir uns in der Liebe der Augen unserer Mutter auflösten und eins mit ihr wurden. Unsere Seele war zu Hause. Nach dieser Heimat suchen wir auch in den Augen von Männern, eine gefährliche Suche nach Symbiose, um dem unerträglichen Gefühl der Isolation, dem Getrenntsein zu entkommen. Dieser Männerblick bekommt seinen gefährlichen Reiz genau dadurch, dass er uns auf vatervertraute Weise nicht wirklich wahrnimmt, darum lassen wir uns in ihn hineinfallen, um uns aufzulösen. Das Gefühl von »Aufgelöstsein« halten wir für Verliebtheit, doch in Wirklichkeit ist es der Gemütszustand eines Säuglings.
Feministinnen beklagen, dass Frauen ein Objekt für den männlichen Blick darstellen. Viele Frauen wären hocherfreut, sich wenigstens auf diese Weise der Wahrnehmung durch Männer zu versichern, immer noch besser, als ein übersehenes Nichts zu sein. Laut einer Umfrage im Auftrag der Zeitschrift Bildwoche schauen 38 Prozent

der deutschen Männer den Frauen zuerst in die Augen und nur 10 Prozent zuerst auf den Busen oder Po, 8 Prozent auf die Beine, 6 Prozent auf die Haare, 4 Prozent auf den Mund und 3 Prozent auf die Taille. Da stellt sich doch die Frage: Wohin schauen die verbleibenden 31 Prozent der Männer? Die können doch nicht alle schwul sein oder gar Schräge-Absatz-Fetischisten? Eher beweist die Umfrage doch die deutliche Tatsache, dass Männer Frauen kaum ansehen und wenn, dann meist nur, um in ihren Augen heftiges Interesse, tiefe Bewunderung und dahinschmelzende Anbetung ihrer eigenen umwerfenden Erscheinung zu entdecken.

Blicke sind Projektionen der eigenen Bedürfnisse auf andere Menschen, so sehen Männer Frauen an und auch Frauen Männer. Wir sehen nicht diese einzigartige Frau, diesen einzigartigen Mann, denn wir schauen nicht mit den Augen unseres »Erwachsenen-Ichs«. Kindliche Sehnsucht blickt und sucht die wahre Mutter, den wahren Vater, die uns all das erfüllen, was unsere Eltern uns nicht geben konnten.

Die »Traumfrau« für einen Mann zu sein, ist der Garant für das schnelle Scheitern einer vermeintlich glückseligen Beziehung. Denn außer, dass Deutschland im Endspiel die Fußballweltmeisterschaft vergeigt, ist fast nichts enttäuschender für einen Mann, als wenn er seiner »Traumfrau« wirklich begegnet und feststellt, dass sie ein menschliches Wesen ist, genau wie er. Er muss nun seine Kinderträume von seiner Großartigkeit, seiner Überlegenheit, seinem aufgeblasenen Selbstbewusstsein aufgeben, denn wenn SIE keine Traumfrau ist, ist er auch nicht der »Traummann«. Sie ist menschlich, er ist menschlich – wie ernüchternd. So laufen sie ganz schnell davon, um nach der nächsten

Traumfrau Ausschau zu halten und in ihren Augen weiter träumen zu können. Kleine Jungs, die mit ihren Wrestling-Figuren spielen und in Omnipotenz baden, allmächtig, unverletzbar.
Währenddessen suchen auch wir weiterhin verbissen »das Richtige beim Falschen« und fragen uns, warum wir immer wieder auf diesen Männertyp hereinfallen? Auf diese Frage gibt Marianne Williamson in »Rückkehr zur Liebe« die beste aller Antworten: »Das Problem ist nicht, dass du ihn getroffen hast, das Problem ist, dass du ihm deine Telefonnummer gegeben hast.«
Während des tagelangen Wartens auf seinen Rückruf nehmen wir unseren altvertrauten Platz am Rande des dunklen Abgrunds in unserer Mitte ein, wo Wohlbekanntes auf uns wartet: das Nichtgesehenwerden, das Vergessenwerden, das Verlassensein ... Und immer noch haben wir die alte Kinderangst, in die Dunkelheit hineinzufallen. Dann machen wir ganz schnell die Musik an, tuschen uns die Wimpern, werfen uns in die hippsten Klamotten und gehen auf die Jagd: Wie gierige Wölfe streifen wir durch unser Revier, denn wir sind ausgehungert nach begehrlichen Blicken und nehmen dafür auch den mickrigsten, ältesten, abgelutschten Knochen mit. Es ist der verzweifelte Versuch, doch noch die lang ersehnte Resonanz zu erhalten. Diese Resonanz suchen wir ausgerechnet bei abwesenden Männern, die wiederum Söhne von abwesenden Vätern sind. Der Verstand sagt: Das kann nie funktionieren! Hier fühlen Frauen sich herausgefordert, ihren unerschütterlichen Glauben an das Prinzip Hoffnung zu beweisen, und zeigen männliches Durchhaltevermögen in Extremsituationen, indem sie selten klein bei- und nie, nie aufgeben!

So warten wir ein Leben lang auf den magischen Moment, der nicht symbiotische Auflösung, sondern Liebe ist. Um dies voneinander zu unterscheiden, liegt harte Arbeit vor uns und wenn es endlich so weit ist, sind wir plötzlich ganz sicher, denn es fühlt sich diesmal »richtig« an: Du blickst in die Augen des anderen und siehst deine Seele. Du bist zu Hause angekommen. »Tat tvam asi« bedeutet im Sanskrit »Das bist du«.

Seelenhunger

In den Seelen der nicht versorgten, unerfüllten Töchter herrscht Hungersnot. Das Kind in uns ist immer noch hungrig und auf der emotionalen Entwicklungsstufe eines Säuglings und in dessen Abhängigkeit von seinen Eltern stehen geblieben. Diese Abhängigkeit wollen und können wir uns jetzt als Erwachsene nicht eingestehen und leugnen sie, indem wir »Alles, und zwar sofort!« wollen. So greifen seelenhungrige Frauen zu jeder Nahrung, derer sie habhaft werden können: lieblosen Männern, aufputschendem Alkohol, betäubenden Medikamenten, benebelnden Zigaretten oder dem Chaos dramatischer Emotionen. Wie im Märchen, in dem König Blaubart die durch Enttäuschung geschwächte und von unerfüllter Sehnsucht empfänglich gemachte Gattin ermorden will, erkennen wir nicht mehr Ursache und Wirkung und fühlen nicht mehr, was für uns gefährlich ist oder nicht und was unser Leben bedroht.
Zahlen: Zwischen einer halben und zwei Millionen Menschen haben Ess-Störungen, die Dunkelziffer ist hoch, 90 bis 95 Prozent davon sind Frauen! Untersuchungen ha-

ben ergeben, dass Ess-Störungen meist der Ausdruck eines seelischen Mangels sind. Suchtverhalten ist der verzweifelte Versuch, den Hunger der Seele zu stillen. Unersättliche Gier ist das Mittel. Manche übergewichtige Frau sieht keinen anderen Weg, als sich durch ihr Gewicht Wichtigkeit zu verschaffen. Andere dagegen hungern sich wütend in ein Nichts zurück, um zu sein, was sie sind – nichts!

Junge Mädchen mit Ess-Störungen benutzen dieses Verhalten unbewusst, um sich gegen Kontrolle und Vereinnahmung der Eltern zu wehren, wenn diese die Ablösungsbestrebungen der Pubertierenden nicht zulassen. Magersüchtige und Bulimiker erzwingen den Kick der Selbstbestimmung, indem nur sie alleine – und nicht Mami und Papi – über die Art und Weise ihrer Nahrungsaufnahme entscheiden. Dieses vermeintliche Autonomiegefühl macht süchtig und ist somit ein Paradoxon: Wer süchtig ist, ist nicht autonom und wer autonom ist, ist nicht süchtig.

Ich habe Hunger. In mir ist ein Schmerz, ein Ziehen, etwas Absolutes. Wenn es über mich kommt, ist es reine Macht, sinnlich und totalitär, dann muss ich etwas essen, ich muss etwas kaufen, ich muss rauchen, ich muss etwas trinken, der Gedanke nimmt mich ein, ganz. Das Sehnen füllt mich aus, endlich. Nichts ist mehr da, nur der Gedanke »Ich muss essen«, »Ich muss kaufen«, »Ich muss trinken« ... Die Sehnsucht erregt mich, ich rede mir ein, dass ich mit dem Heißhunger spiele, lasse es jedoch geschehen, dass er und die Sehnsucht mit mir spielen. Ich genieße die Macht meiner Gier, nichts kann neben ihr bestehen, keine Traurigkeit, keine Angst, denn sie erfüllt mich ganz. Mein Körper zittert, ich glühe, ich bin ganz ich, ganz präsent, endlich fühle ich nur mich, ich bin die

Sehnsucht, ich bin endlich nur ich und stark. Nur ich bestimme, nur ich habe die Macht, über die Erfüllung meiner Sehnsucht zu entscheiden: was ich esse, wann ich kaufe und rauche, wie ich trinke und nur ich alleine verwandle die Sehnsucht in Enttäuschung, in Ekel, in Abscheu – ich schäme mich. Ich schäme mich, bis ich endlich wieder sehnsüchtig bin.

Ob es Ess-Sucht, Alkoholsucht, Drogensucht oder Beziehungssucht ist, jede Sucht dient auch dazu, sich zu betäuben und dadurch in den ersehnten Zustand der Unempfindlichkeit zu gelangen, um der unerträglichen inneren Einsamkeit und Hilflosigkeit entrinnen zu können. Die Angst, mit diesen Gefühlen in Berührung zu kommen, ist somit größer als die Angst vor der Sucht und deren Folgen. Darum greifen auch viele Heilungsmethoden nicht oder nur wenig, da sie einen Zustand zum Ziel haben, den der Süchtige um jeden Preis vermeiden will – sich zu erkennen und anzunehmen als das, was er ist, und somit alles zu fühlen, auch das Unglücklichsein, auch die Hilflosigkeit, auch die Ohnmacht.

Gefühle, sowohl die vermeintlich guten als auch die vermeintlich schlechten, machen unser Leben, unsere Lebendigkeit aus. Einzigartige, reiche und lohnende Erfahrungen, sie sind die Voraussetzung für unsere menschliche Entwicklung. Der Versuch, nur die störenden, beängstigenden Gefühle zu dämpfen oder zu betäuben, muss scheitern, denn die Fähigkeit zu fühlen, umfasst alle Gefühle ohne Wertung. Es ist so, als würden wir unser Radio ausschalten, weil wir die Nachrichten über Krieg und andere Katastrophen nicht ertragen können, und uns wundern, warum wir jetzt auch nicht mehr Mozarts Violinsonate hören können.

Gefühle sind der Ausdruck unserer Menschlichkeit. Wenn wir die einen betäuben, betäuben wir alle; die Freude und die Trauer, die Angst und die Liebe. Es gibt im Seelenbereich keine örtliche Betäubung. Wir verlieren in der Vollnarkose unsere Lebensenergie in allen Bereichen und so ist das Fehlen von Angst, Wut und Trauer keineswegs ein Zeichen von seelischer Gesundheit, im Gegenteil: Die Erstarrung unserer Gefühlswelt, der Verlust unserer Lebendigkeit lässt uns alleine, leer und eigentlich »tot« zurück. Es zeugt von unerträglichem inneren Schmerz, wenn ein Mensch dieses Totsein dem Leben vorzieht.

Wut

Ich schreibe die Geschichten von Frauen auf, Männergeschichten müssen Männer selbst erzählen. Apropos, ich frage mich des Öfteren, ob eigentlich nur ich diesen Trend der larmoyanten Prostata-Romane männlicher Autoren, von Martin Walser bis Uwe Timm, von Phillip Roth bis Bodo Kirchoff, peinlich finde? Thema: Ringen um Sinnfindung. Mittel: Alter unattraktiver Mann wird, auch noch zu seiner eigenen Verwunderung, Hunderte literarische Seiten lang von junger attraktiver, kluger, sinnlicher Frau begehrt. Fazit: Männer glauben fest an ihr Recht, auch dann noch von ihrer einst jungen Mutter – jetzt jungen Frau – bedingungslos geliebt werden zu müssen, wenn sie inzwischen die dritten Zähne und nicht nur graues Haupthaar haben. Stellen Sie sich dies nur einmal umgekehrt vor: Berühmte Schriftstellerinnen schreiben zunehmend über alte unattraktive Frauen mit Blasenschwäche, denen junge, gut aussehende, intelligente, erfolgreiche

Männer in leidenschaftlicher Liebe verfallen. Dies würde nicht nur von männlichen Kritikern empört in die Kategorie senile Unzucht gestellt werden ...
Doch zurück zur Normalität und zu den Geschichten von wütenden, grollenden, traurigen Frauen, die von ihren Vätern nicht vor den wütenden, zornigen, traurigen Müttern bewahrt wurden. Frauen, die lebenslang mit einem schwarzen, unersättlichen Abgrund in ihrer Mitte herumirren, denen es nicht gelingt, ihn zu schließen und die immer wütender und trauriger werden. Wir haben Angst vor diesen heftigen und verbotenen Gefühlen, es ist falsch, sie zu haben; darum verstecken wir sie hinter Schwäche, Krankheit, Aufopferung. Erst kurz vor ihrem Tod sah ich in den immer traurigen, oft weinenden Augen meiner Mutter die abgrundtiefe Wut, die sie so lange verborgen hatte, hinter ihren Krankheiten, hinter ihrem »Ich kann das nicht«.
Wir sind fast alle in Familien aufgewachsen, in denen es die unausgesprochene Regel gab »Du sollst nichts fühlen« und die offene Regel »Du sollst nicht wütend sein«.

Inge, Krankenschwester, 49, verheiratet, drei Kinder:

»In meiner Familie war Wut verpönt, man schaute auf wütende Menschen herab, Asoziale, sie galten als unkontrolliert und hemmungslos. Ich war 43, als ich in einem Workshop zum ersten Mal wütend wurde. Es hat mich sehr erschreckt, wie intensiv das war. Heute bin ich eher mal wütend, aber es macht mir immer noch Angst.«

Eines haben wir Frauen gemeinsam: Die Wut ist eins unserer großen Themen, dabei spielt es keine Rolle, ob wir die Wut ausleben oder sie verdrängen. Wer durfte schon als Kind die Wut über seine Enttäuschung, seine Ohnmacht, seine Einsamkeit ausdrücken? Geschweige denn an seinen Eltern lernen, wie man mit seiner Wut umgeht, es sei denn in destruktiven Formen wie körperlicher Gewalt, oder in der Art, wie einige unserer Mütter ihre unterdrückte Wut mit sich herumschleppten und sich durch sie veranlasst fühlten, an allem und jedem, meist unserem Vater, herumzunörgeln – wobei unser Vater ihr in der gegenseitigen Verachtung nicht nachstand.

Mira, 33:

»Mein Vater machte sich gerne über irgendeine angebliche Unfähigkeit meiner Mutter lustig, er sagte grinsend irgendetwas Sarkastisches, aber in seinen Augen stand die blanke Wut.«

Von unseren Müttern lernten wir, uns über die liebende Fürsorge für andere zu definieren und nicht zu protestieren, wenn diese unsere Grenzen verletzten und unsere Gefühle sowie unser Leben räuberisch ausbeuteten. Auch übernahmen wir von ihr, die Wut darüber nie direkt zum Zeitpunkt der Verletzung herauszulassen, sondern später, indirekt und hintenherum.

Vatervergessene Töchter sind wütende Töchter und wütende Töchter sind unerwünscht und wütende Frauen erst recht. Die Kraft, die wir als Kind entwickeln mussten, um unsere Wahrnehmung zu unterdrücken, verwandelte sich in Wut. Diese Wut richtet sich heute gegen den Ehemann, der uns zu oft alleine lässt, in ihrem Kern bezieht sie sich jedoch auf unseren Vater, der nie wirklich für uns da war.

Für ein Kind hat Wut etwas sehr Bedrohliches. Obwohl sie tabuisiert war, spürten wir doch insgeheim ihre Kraft, ihre unbändige Lebendigkeit, ihr Feuer. Sie flüsterte uns in unbedachten Momenten oder im Traum zu, dass wir durch sie die Möglichkeit hätten, uns zu befreien und das zerstören könnten, was uns vom Leben fern hält. Der Gedanke, dass unsere Wut die Kraft hätte, unseren Vater zu töten, bereitete uns Todesangst, denn auch wir wussten genau, dass Elternmord eine nie zu verzeihende Sünde ist. So verbannten wir die gefährliche Wut in die tiefsten Verliese unserer Seele und wurden sanfte, traurige Töchter.

Wenn Männer ihre Wut ausdrücken, ernten sie meist Anerkennung für ihre Durchsetzungsfähigkeit und ihre Standfestigkeit, während Frauen, die den Mut haben, ihre Wut öffentlich zu äußern als hysterische Zicken gelten. Auch wenn wir nachdrücklich darauf hinweisen, dass wir weder unsere Regel haben noch in der Menopause sind und auch unser Sexleben recht erfüllt ist, sondern dass wir einfach nur wütend sind, weil wir uns verletzt fühlen, bleiben wir in den Augen der meisten Männer bedauerliche Emanzenirrläufer. Das bedeutet, unattraktiv, unweiblich und kein bisschen liebenswert – und welche Frau will das schon sein?

Wir Töchter erwählen unterschiedliche Strategien, um unsere Wut zu kompensieren, wir gehen in den Trotz, wir gehen in die Anpassung, wir gehen in die Leistung, wir werden zu Gefalltöchtern, zu Unfähigkeitstöchtern, zu Leidenstöchtern, wir werden stumm oder geschwätzig. Diese Rollen nehmen wir mit in unsere Beziehungen, erklären sie zur wutfreien Zone, während im Keller unserer Seele die vergrabene Wut gärt und wächst und wächst, bis sie unser Haus vergiftet.

Wut ist der Schrei nach Veränderung, aber nicht die Veränderung selbst. Gelebte, spontane, ausgedrückte Wut ist wundervoll und garantiert eine Energiezufuhr, die höher liegt als bei jedem Spezial-Hometrainer. Sie schafft außerdem sofortige Erleichterung und Stressabbau, wobei es nicht ratsam ist, die Wut an irgendjemandem auszulassen, im Gegenteil. Hier empfiehlt es sich, sich je nach Kondition auf dem Klo auszubrüllen oder auf ein unschuldiges Kissen einzuschlagen, so lange, bis die Wut verpufft ist.

Meike, 32, Heilpraktikerin, verheiratet, eine Tochter:

»Anna zog sich am Bücherregal hoch und begann die Bücher rauszuwerfen. Als ich hinstürzte und sie wegzog, tobte sie vor Wut. Ich sagte ihr, ich könne es sehr gut verstehen, dass sie wütend sei, und sie könne auch darüber wütend sein, so lange sie wolle, trotzdem dürfe sie nicht an das Regal. Sie tobte noch eine Weile, dann spielte sie mit etwas anderem.«

Wenn ein Kind wütend ist, ist es total wütend. An ihm können wir, wenn wir es aushalten, die Wut als eine der vitalsten Ausdrücke unseres Selbst erleben. Sie gehört wie Angst, Trauer, Freude und Liebe zu unseren intensivsten Gefühlen und macht unsere Einzigartigkeit als Mensch aus. Wut ist Lebendigkeit, Wut lässt dich glühen, Wut ist wundervoll, sie ruft der Welt entgegen: Hier bin ich, einzigartig, und ich lebe! Ich habe ein Recht auf mich! Deine Wut öffnet die verschlossene Tür in deiner Seele und lässt dein wahres Ich ins Licht treten.
Wut setzt Intuition und Mut voraus, wie Harriet Lerner in »Wohin mit meiner Wut?« erklärt: »Es ist äußerst schwie-

rig, sich aus alten Verhaltensmustern zu lösen, weil die eigene Veränderung starke Angstgefühle auslöst. Wut ist dann ein Mittel der Veränderung, wenn sie uns dazu bringt, mehr für uns selbst und weniger für andere zuständig zu sein.«

Intuition ist eine der kostbarsten Eigenschaften von Frauen. Intuition ist Eingebung. Intuition ist eine innere Stimme, die uns sagen kann, was Wahrheit und was Lüge ist. Intuition ist ein Regulativ für unsere Entscheidungen, welchen Weg wir nehmen sollen, welcher unserer Kreativität, unserer Liebe dienlich ist. Sie ist die Stimme des richtigen Selbst, die mit berechtigter Empörung und Wut auf die Verletzungen der Menschenwürde reagiert. Intuition kann nur im wahren Selbst leben, für das falsche Selbst ist Intuition nicht möglich.

Kinder kommen mit einem guten Kontakt zu ihrer Intuition auf die Welt. Eltern könnten ihre Kinder dabei unterstützen, diesen Wegweiser zu achten, indem sie deren Spontaneität fördern und ihre Wahrnehmungen würdigen, anstatt die kindliche Intuition mit dem Schnuller zu entsorgen.

Viele vatervergessene Töchter opfern ihre Intuition, ihr eigentliches Selbst der Liebe des Vaters, wodurch ihnen der Zugang zu ihren wahren und echten Gefühlen der Liebe und der Wut verwehrt ist. Stattdessen leben sie in einer Art Gefühlstaubheit, einer emotionalen Unempfindlichkeit, die sie davor bewahrt, sich mit ihren schmerzhaften Gefühlen auseinander zu setzen. Tagtäglich tauschen sie ihre Wut gegen die Hoffnung ein, dass Papi doch noch kommen und sie in die Arme nehmen wird. Und dann, endlich, wäre alles gut!

Stattdessen heiraten wir einen abwesenden Mann.

Frauenwahnsinn

»Etwas, das wir zurückhielten, machte uns schwach, bis wir herausfanden: Wir waren es selbst.«

Robert Frost

Pathologische Ausreißer oder weibliches Alltagsgebaren?

Wir klammern uns an einen Mann, der, genau wie unser Vater einst, uns alleine lässt, uns vertröstet, Versprechen nicht einhält und uns weder richtig zuhört noch uns wirklich wahrnimmt. Ist ein richtiger Mann wie ein Hund: Er redet nicht – und er hört auch nicht zu?

Sind wir verrückt? Offensichtlich, denn an diesem stoischen Ausbremser beißen und krallen sich Frauen fest und wollen ihn dazu zwingen, die Schulden des Vaters abzutragen. Unser falsches Selbst redet uns ein: »Ich muss immer geliebt und von jedem bestätigt werden. Wenn das nicht so ist, ist es eine Katastrophe.« Und die Überzeugung wird zum Mittel, den Partner zum Erfüllungsautomaten zu funktionalisieren. Die Nichterfüllung unserer unersättlichen kindlichen Forderungen nach totaler, bedingungsloser Befriedigung wird uns tatsächlich als Katastrophe erscheinen.

Tatsache ist, unechte Bedürfnisse können nie befriedigt werden. Meist ist unser Partner von unserer Bedürftigkeit überfordert und zutiefst beängstigt, weil es ihn unter anderem auch an seine eigene Bedürftigkeit erinnert. Männer neigen dazu, ihre Ängste durch Distanz und den gefühlsmäßigen Rückzug aus der Beziehung zu bewältigen, worauf wir Frauen ihn mit noch exzessiverer Bedürftigkeit bedrängen, worauf er sich noch weiter zurückziehen wird. Wenn jetzt die Frau innehält, geschieht dies nicht, um sich zu fragen: »Was ist hier eigentlich los? Welche Vorgänge und Mechanismen muss ich begreifen?« Nein, sie stürzt sich kopflos in die Schlammschlacht der gegenseitigen Schuldzuweisungen. Der Ehekrieg hat begonnen.

Unsere Waffen sind – typisch Frau – vielseitig. Die indirekte Zermürbung des Feindes durch Kritisieren, Nörgeln, Miesmachen sowie stummer Groll, Verbitterung oder die direkten Strategien der Wut das Toben, das Schreien, das Weinen ... – alle unsere Kriegskünste bringen uns nichts außer Erschöpfung und Falten, denn der Feind ist längst in seine Rüstung der Teilnahmslosigkeit geschlüpft und sitzt unsere Probleme vor seinem Computer aus.

Ob wir dann resignieren oder noch wütender – oder abwechselnd beides – werden, liegt in der Bandbreite weiblichen Wahnsinns. Zu diesem Komplex gehört auch das Thema »Schuld« mit seiner toxischen Frauenunterabteilung »sich für alles verantwortlich fühlen«, dessen vertraute Verrücktheit Harriet Lerner wundervoll treffend beschreibt: »Eine Kollegin erzählte mir die Geschichte, wie sie beim Skilaufen auf einer Abfahrtspiste pausierte, um die schöne Aussicht zu bewundern. Ein unachtsamer Skiläufer, der sie offenbar nicht bemerkt hatte, fuhr sie glatt über den Haufen. Auf dem Bauch liegend, schrie sie, wie im Reflex ›Tut mir Leid!‹ hinter ihm her, als er, ohne sich weiter um sie zu kümmern, den Hang hinuntersauste.« Sind dies pathologische Ausreißer oder handelt es sich um weibliches Alltagsgebaren? Wenn ich auf mich und meine Freundinnen schaue, dann zeigt sich, dass uns ein unerschöpfliches Repertoire der unterschiedlichsten Verhaltensweisen und mannigfachen Gefühle jederzeit zur Verfügung steht. Dies allein reicht schon aus, um Männer zu verwirren, doch die artbedingte Fähigkeit, mit unserem multiplen Gehirn diese vielschichtigen Kompetenzen auch gleichzeitig abrufen und mitteilen zu können, ist für Männer absolut rätselhaft. Dass diese Mehrspurigkeit kein Widerspruch für uns Frauen ist, beweist Folgendes: Einerseits fühlen wir uns, wie geschildert, für alles verantwortlich, andererseits übertragen wir für unser persönliches Wohlbefinden nur einem die Verantwortung und somit die Schuld: IHM!

Symbiose

Weiblicher Wahnsinn drückt sich auch in der Überzeugung aus, dass es die totale Einheit zwischen IHM und uns geben muss! Symbiose-Wünsche, die aus einer normalen Durchschnittsbeziehung einen pathologischen Krankheitsverlauf machen. Symbiose ist laut Lexikon das Zusammenleben zweier Organismen zu beiderseitigem Vorteil. Aha! Im Gegensatz zur symbiotischen Vereinigung ist die reife Liebe eine Vereinigung, bei der die Integrität und Individualität bewahrt bleibt.
Cheryl Benard und Edit Schlaffer stellen in »Männer« fest, dass die Vorstellung einer Glück bringenden, meta-

physischen Symbiose für uns Frauen schwer aufzugeben ist, aber »leider ist das auch kein hinreichender Grund, daran festzuhalten. Lange haben wir auch an den Weihnachtsmann, den Osterhasen, den Regengott usw. geglaubt. Bis uns unser Verstand eines Tages zwang, der düsteren Wahrheit ins Auge zu sehen, dass Weihnachtsmann, Osterhase und Regengott nicht existieren.«

So ist es, wenn man erwachsen wird: Die Kinderträume geraten in schmerzhafte Konflikte mit der Erwachsenen-Realität. Infolgedessen füllen verzweifelte Frauen die Wartezimmer von Psychologen, Heilpraktikern und Lebensberatern mit der Hoffnung, das Zaubermittel zu bekommen, das den abwesenden Frosch an ihrer Seite wieder in einen teilnehmenden Prinzen verwandelt.

Während wir auf das Wunder warten, wächst die Enttäuschung über den Harmonieverweigerer weiter. Sein Blick, mit dem er uns eher wie einen zweckmäßigen Haushaltsgegenstand betrachtet, lässt uns immer wieder in das vertraute, bodenlose Loch der Belanglosigkeit und Ungeliebtheit fallen. Einst hofften wir, dass dieser eine Mann alles für uns sei und wir alles für ihn, unsere gemeinsame Beziehung wichtiger ist als unser Ich. Stattdessen finden wir uns »herabgeliebt« in einer Zweierbeziehung wieder, deren Höhepunkt an Übereinstimmung das gemeinsame Sehen der Tagesschau ist. Während wir weiter auf unserer Selbstentwertungsspirale nach unten rutschen, könnten wir die Zeit nutzen, unsere Beziehung unter die Lupe zu nehmen und sie dahingehend zu untersuchen, ob wir das Gefühl vermittelt bekommen, wertschätzend behandelt zu werden. Bei ehrlicher Einschätzung steht zu befürchten, dass für die meisten von uns das Ergebnis niederschmetternd sein wird. Bevor uns diese Tatsachen zu sofortigem Handeln zwingen, finden wir uns lieber weiterhin mit seiner lieblosen Behandlung ab, denn in männlicher Gefühlsarmut haben wir uns seit Jahrtausenden häuslich eingerichtet.

Wert und Wertlosigkeit

Ist es immer noch so, dass Frauen Konflikte vermeiden, indem sie sich dem Bild, den Wünschen und Erwartungen des Partners anpassen? Diese Selbstverleugnung ist ein unbewusster Prozess, der »Harmonie um jeden Preis« zum Ziel hat. Das Ergebnis sind harmoniesüchtige Frauen, die mit selbstschädlichem Pflichtgefühl und »Friede, Freude, Eierkuchen«-Strategien ihrer gruseligen Beziehung eine Hochglanz-Runderneuerung verpassen, um sie wie eine ägyptische Mumie zu konservieren. In der Nähe solcher Ehepaare kann man sich des Gefühls nicht erwehren, in einer unterkühlten Grabkammer gelandet zu sein, in der Lachen, Reden und Sonnenlicht strengstens verboten sind.

Das berüchtigte weibliche Pflichtgefühl ist frauenfeindliches Verhalten gegen die eigene Person. Um die Verletzung und Entwürdigung nicht fühlen zu müssen, distanzieren Frauen sich von sich selbst und von anderen »schwachen« Frauen. Sie solidarisieren sich mit den »starken« Männern und projizieren ihre eigene Wertlosigkeit auf andere Frauen.

Karins Geschichte:

Jochen nahm sich jedes Jahr von seinem vierwöchigen Jahresurlaub zwei Wochen Zeit, um ins Salzburgische und anschließend in einen Kurort im Badischen zu reisen. An

seinem ersten Ziel erwartete ihn eine ledige Kunsthistorikerin, an seinem zweiten eine geschiedene Buchhändlerin. Mit beiden verbrachte er immer »sehr schöne Zeiten«, sie tauschten sich über Kunst, Musik und Natur aus, worüber er beim nächsten Fest im Kreise der Familie und Freunde begeistert und ausführlich berichtete. Jochen war nicht etwa Junggeselle, sondern seit 28 Jahren »glücklich« mit Karin verheiratet, sie hatten zwei gemeinsame Kinder und lebten zusammen im gemeinsamen Haus.
Es war ein fester Bestandteil jeglicher Familienfeiern, zwischen Kaffeetrinken und Abendessen, dass Jochen von seinen letzten Reisen erzählte und die mitgebrachten Urlaubsbilder den Gästen präsentierte. Auf diesen Bildern waren die Frauen zu sehen, mit denen er diese Zeit verbracht hatte, Jochen zeigte sie voller Stolz, auch schwärmte er voller Selbstzufriedenheit unbekümmert über das Kunst- und Naturverständnis seiner Begleiterinnen und über seine große Freude darüber, sich mit diesen Frauen auszutauschen. Auch vergaß er nie, auf die äußerliche Attraktivität der beiden Frauen hinzuweisen, was von seinen Zuhörern und Zuhörerinnen mit Beifallsäußerungen und Zustimmung quittiert wurde.
Karin, seine Frau, saß still an seiner Seite, wie immer auf den gemeinsamen Festen, deren Gastgeberin sie war. Sie war sprachlos vor Scham, Wut, Zorn, Enttäuschung und ließ diese Gefühle eines nach dem anderen langsam in dem schwarzen Loch in ihrer Seele versinken. Jedes Gefühl nahm ein Stück von ihrem Selbst mit sich, riss es weg, es verschwand für alle Zeiten in den dunklen Verliesen ihres Herzens.
Wenn Jochen die Fotos zeigte, auf denen im Vordergrund diese anderen Frauen standen, vor Kirchen, vor einer Aus-

sicht oder nur so lächelnd, hübsch, im Bewusstsein, fotografiert zu werden, dann wendeten sich die anwesenden Frauen von Karin ab und dem Mann zu, der die Frauen fotografiert hatte. Sie wendeten sich ab von allen Frauen, die es nicht Wert waren, fotografiert, festgehalten, gezeigt zu werden und da zu sein. Sie wendeten sich Jochen zu, voller eigener Sehnsucht und Bedürftigkeit nach einem Mann, der sie wahrnehmen würde. Sie wendeten sich auch von ihren eigenen Männern ab, diesen Männern, die auch sie schon lange nicht mehr fotografierten, nicht auf diese Weise, nur sie, bildfüllend auf einer Bank, statt nur ein unbedeutendes Beiwerk zu sein für einen kulturhistorisch wichtigen Hintergrund. Etwas Verbotenes, Erotisches lag in der Luft.

Und die anwesenden Männer, Verwandten, Freunde? Sie spürten die erregende Art, in der Jochen diese Bilder präsentierte, das Schamlose, dieses völlig auf sich Bezogene. Sie beneideten Jochen, so wollten sie auch sein, Frauen haben, die sie mit Lust fotografierten, dann die Bilder auf Familienfeiern zeigen und das Leben fühlen. So rückten auch diese Männer von ihren anwesenden Ehefrauen ab, fast körperlichen Ekel spürend, besonders rückten sie von Karin ab, die mit einem Lächeln auf den Lippen längst gestorben war und die aufstand, um das Abendessen für die Gäste vorzubereiten.

Die Identifikation von Frauen mit dem Mann, seiner anerkannten Rolle als dem Starken, dem Sieger, dem Mächtigen, ist ein Abwehrmechanismus, um die unerträglichen Gefühle der eigenen Hilflosigkeit und Ohnmacht zu kompensieren.

Frauen, die diesen Schulterschluss mit männlicher Macht vollzogen haben, lehnen Schwäche, Unsicherheit und Tränen bei anderen kategorisch ab und lachen herzhaft mit, wenn Männer dämliche sexistische Witze erzählen.

An dieser Stelle möchte ich nicht verschweigen, dass viele Frauen – ich gestehe, auch ich selbst – sich in ihrer vermeintlichen Machtlosigkeit gemütlich eingerichtet haben, wo sie, statt ihrer Stimme der Vernunft zu folgen, sich mit den »Was-wäre-wenn«-Litaneien gezielt selbst ausbremsen. Mit dem »Das bringt doch alles nichts« können wir uns davor drücken, uns den Stürmen der Selbstverantwortung auszusetzen, und statt unser Leben selbst in die Hand zu nehmen, es in den Händen anderer zu belassen. Dadurch haben wir den Vorteil, unseren dafür auserkorenen Lebenspartner dann tagtäglich mit einem großen Repertoire an Schuldzuweisungen und mit Abstrafen, Forderungen und Nörgeleien in die Pflicht zu nehmen. Eine Vollbeschäftigung, die nur einen einzigen Nutzen hat: uns permanent beschäftigt zu halten – allerdings sinnlos.

Weibliche Geschäftigkeit ist ein weiterer Versuch, der inneren Leere zu entkommen, und, so Leid es mir tut, auch die kuschelige Wärme der Klagemauer dient selten dazu, aufzustehen, den Rücken gerade zu machen und schädliche Umstände, behindernde Beziehungen und krank machende Verhaltensweisen in den Mülleimer unseres Lebens zu stopfen und uns auf den Weg zu machen.

Fallen

Auf dem steinigen Weg der Veränderung ist es von großer Nützlichkeit, über die überall versteckten Fallen Bescheid zu wissen, denn es ist eine große Versuchung, unseren

Schmerz um den abwesenden Vater in den Liebesschwüren eines anderen Mannes zu vergessen.
Falle Nummer eins ist es, unseren Verstand und unsere Erfahrungen sausen zu lassen und IHM zu glauben: »Du bist die wichtigste Person in meinem Leben!« »Du bist mein Ein und Alles«, »Was wäre ich ohne dich«, »Ohne dich kann ich nicht sein!« Texte wie aus den Mündern schmalziger Operettenbuffos, die wir uns nie anhören würden, aber gezielt von Mr. Unwiderstehlich in unserer bedürftigen Seele platziert, lassen sie uns dahinschmelzen. Anschließend wundern wir uns dann, wenn er mit seiner Sporttasche in der Hand über unser dahingeschmolzenes Nichts einfach hinwegsteigt, um für die nächsten Stunden sein männliches Ego im Fitnessstudio aufzublasen.
Daneben gibt es allerdings noch weitere tückische Fallen, die nur auf eine verunsicherte Frau warten, um sie an der Lust, ihr wahres Selbst wiederzufinden, zu hindern.
Da wäre:
- weibliches Pflichtbewusstsein,
- weibliches Harmoniebedürfnis,
- weiblicher Perfektionismus,
- weibliche Anspruchslosigkeit,
- weibliche Kopfschmerzen,
- weibliche Unfähigkeit, nein zu sagen,
- weibliches Helfenwollen,
- weibliche Selbstabwertung,
- weibliches Selbstmitleid,
- weibliches Jammern,
- weibliches Überfunktionieren,
- weibliches Unterlegensein,
- weibliche Faulheit,

– weibliche Scham,
– weibliche Schuld.

Und wenn wir es geschafft haben, in keine dieser und der vielen, vielen anderen Fallen zu stolpern, unser Ziel schon fast erreicht haben, taucht garantiert die größte Falle, die »Ich bin nicht gut genug, wie ich bin, darum kann ich auch genauso gut da bleiben, wo ich bin!«-Falle auf. Und jetzt sollten wir uns hinsetzen und nachschauen, welche alten dunklen Geschichten wir noch mit uns herumschleppen, und endlich beschließen, den hinderlichen Ballast loszuwerden.

Die Wunden der Vergangenheit

»Wir können das Morgen nicht auf den Wunden des Gestern errichten.«

Ken Wilber (»Kurze Geschichte des Kosmos«)

Wir sind aus unserer Kindheit mit Kampfwunden übersät in die Gegenwart gekommen. Um diese Verletzungen nicht zu spüren, sie zu vergessen und weil wir glaubten, nur so überleben zu können, haben wir sie verdrängt. Die Wunden der Vergangenheit entspringen nicht nur unserer eigenen persönlichen Geschichte, sondern auch der unserer Familie. Ausblendung und Abspaltung als persönlicher Prozess steht für uns Deutsche auch im Kontext der gewaltigen Verdrängung des Traumas der Weltkriege und ihrer Auswirkungen. Ich bin 1944 geboren und der Satz, den ich als Kind am meisten hörte, war: »Ich möchte daran nicht erinnert werden!«

Der Zwang zur Wiederholung

Warum wiederholen wir unsere Dramen immer und immer wieder und erwarten, hoffen, beten, dass unser Lebensfilm diesmal, wenn wir uns nur noch ein bisschen mehr Mühe geben, endlich »Mr. Right« fänden und fünf Kilo leichter wären, endlich sein verdientes Happy End bekäme? Den Anstrengungen, unsere traumatischen Erinnerungen zu vergessen, steht die Leichtigkeit, mit der wir es immer wieder schaffen, unsere Dramen zu wiederholen, gegenüber. Und dies ist nur scheinbar ein Paradoxon, denn in Wirklichkeit zieht es uns magisch zu Menschen und Situationen, mit denen wir altvertraute Szenen und Dialoge wiedererleben.

Der Begründer der analytischen Psychologie Carl G. Jung führte aus, dass eine verdrängte innere Erfahrung uns oft – und nicht erkennbar – als äußerliches Schicksal entgegentritt. Die vielfältigen schmerzlichen Erfahrungen der Kindheit projizieren wir auf Lebensumstände und andere Menschen, vorzugsweise auf unseren Partner. Statt uns zu wundern, warum wir immer wieder die gleichen leidvollen Erfahrungen machen, sollten wir der bitteren Erkenntnis ins Auge schauen, sie uns selbst erwählt zu haben.

Die einstige Verdrängung ins Unterbewusstsein macht die Bewältigung und die Auflösung des Traumas unmöglich, darum versuchen die in jedem Menschen steckenden Selbstheilungskräfte, in der Reinszenierung schmerzliche Kindheitserfahrungen zu verarbeiten. Dazu benötigen sie Situationen, die der Ursprungsverletzung ähneln, um die einstige negative Erfahrung durch eine heutige positive aufzulösen. Das gelingt nie! Vor allem nicht mit Menschen, die wir einst aufgrund ihres Desinteresses und ihrer Ähnlichkeit mit den Eltern ausgesucht haben. So ist uns die Wiederholung meist schmerzhaft bewusst, während der Zwang uns verborgen bleibt.

Er bringt uns auch dazu, unsere Freunde, Kollegen, Nachbarn und Partner genau in dem Bereich zu verletzen, in dem wir selbst verwundet worden sind, wo wir uns einst hilflos fühlten. So werden aus nicht gewürdigten Kindern, sich und andere nicht würdigende Erwachsene. Wir lehnen an unserem Partner oder an anderen Menschen das ab, was wir als innere Schwäche in uns unterdrücken und verachten – allem voran Gefühle der Hilflosigkeit und der Ohnmacht. Aber hauptsächlich erleben wir die Übertragungsmuster in der Form der eigenen Enttäuschung und Verbitterung. Wie Kinder meinen wir, ein Recht darauf zu haben, dass uns das Leben und unsere Partner immer genau das geben, was wir uns wünschen und dies bitte sofort!

Gibt es überhaupt eine Möglichkeit, uns aus diesem Wiederholungszwang zu befreien oder spielen die Götter mit uns endlose intergalaktische Computerspiele, in denen wir uns in unserem Hamsterrad die Füße und die Seele wund laufen? Viele von uns wissen viel. Wir haben uns durch Sachbücher, Vorträge, Seminare, Therapien und Frauenzeitschriften gearbeitet, wir haben die Hintergründe erforscht und uns große Mühe gegeben, die Ursachen zu verstehen. Doch wir sind offensichtlich nicht in der Lage, die gewonnenen Erkenntnisse in eine wirkungsvolle Verhaltensveränderung umzusetzen. Offensichtlich reicht es nicht aus, die Ursachen zu begreifen. Wenn der Prozess, sich aus dem Wiederholungszwang zu lösen, fruchtbar und wahrhaft erfolgreich sein soll, muss er über das bloße intellektuelle Wissen hinausgehen: »Es ist Mitgefühl und Liebe, die die Wandlung zu einem wahren Selbst möglich machen« (Arno Gruen, »Der Verrat am Selbst«).

Die vaterverlassene Gesellschaft

Mit der Entwicklung der Industriegesellschaft, die den Arbeitsplatz des Mannes vom Haus der Familie in die Fabrik verlegte, wodurch seine Tätigkeiten für Frau und Kinder unsichtbar, nicht nachvollziehbar und unverständlich wurden, entstand der Begriff »vaterlose Gesellschaft«. Die Trennung von Familie und Arbeit sind die Wurzeln des abwesenden Mannes, seine Entfremdung hat hier ihren Ursprung.

Eine tatsächlich vaterlose Gesellschaft hat es selbst im Matriarchat nicht gegeben, denn sie ist, wie jeder einsehen wird, schon biologisch nicht möglich. Außerdem brauchen wir Väter zum Anfassen und nur ganz wenigen von uns reicht es, den Vater als Samen spendenden Zuchthengst im Reagenzglas in den Kühlschrank zu stellen. Trotz allen Ärgers sind wir bereit, es immer wieder mit den Männern zu versuchen, denn wir sind durchaus in der Lage, auch ihre guten Seiten zu sehen, und geben nicht auf, sie mit Lob und Taktik zu possierlichen Lebens- und Liebespartnern hinzubiegen. Außerdem brauchen wir sie nicht nur als verlässlichen Auslöser für unsere Verletzungen, sodass wir unsere Wunden genüsslich an der Klagemauer lecken können, sondern auch dazu, unsere Wunden zu erkennen und zu heilen.

Die »gefühlte« vaterlose Gesellschaft ist die Gesellschaft der Vaterentbehrung und Entfremdung, der Abwesenheit und Gefühllosigkeit. Wir brauchen nur die Tageszeitungen aufzuschlagen oder die Nachrichten im Fernsehen zu sehen: Terror, Gewalt, Krieg und Tod sind der tagtägliche Beweis der Abwesenheit von Menschlichkeit. Es ist eine Tatsache, dass die Verantwortlichen dieser

Gräueltaten zu 99 Prozent Männer sind. Okay, sie haben uns auch den Wonderbra, den Dildo und den elektrischen Eierkocher gebracht, doch ist der Preis dafür nicht zu hoch?

»Liebe deinen Nächsten wie dich selbst« setzt Selbstliebe voraus, die der abwesende Mensch verloren hat, und so zieht er um sich schlagend durch sein blutendes Universum und »hasst seinen Nächsten wie sich selbst«!

TEIL 3

Vorsprung durch Gefühl

Die Suche nach dem neuen Mann

»Du kannst die Brandung nicht anhalten,
aber du kannst surfen lernen.«

anonym

Trendwende?

Die Generation der 30-Jährigen – selbstsichere, gut ausgebildete Frauen, die dem Zeitgeist entsprechend locker Kind und Karriere verbinden, deren Problemzonen mit »Sex and the City« abgeklärt werden und deren Abgründe sie in »Desperate Housewives« offen legen, und coole Väter, die gewillt sind, alleine den Zwillings-Buggy durch den Supermarkt zu schieben – vermittelt das Bild einer lang ersehnten Trendwende.
Ist es diesen Frauen tatsächlich gelungen, das Ruder herumzureißen und »alles besser zu machen« als ihre Mütter? Und die neuen Väter an ihrer Seite? Zuverlässige Partner in Verantwortung und Verbindlichkeit? Fragt man die Frauen, gibt es Ernüchterndes als Antwort.

Jessica, Steuerberaterin, 37, zwei Kinder:

»Es ist einfach im Trend zu behaupten, dass die Kinder ihm das Wichtigste im Leben sind, aber wenn ich oder die Zwillinge ihn mal wirklich brauchen, dann hat er gerade einen nicht zu verschiebenden Termin, ein wichtiges Meeting oder Zahnschmerzen.«

Es scheint alles beim Alten geblieben zu sein, oder doch nicht?
Die Zahl der Väter, die Erziehungsurlaub beanspruchen, stagniert seit Jahren bei 1,5 Prozent. Neuere Zahlen sprechen von 5 Prozent, doch es ist trotzdem ein statistisches Väternichts gegen die häusliche Mütterpräsenz von 95 Prozent! Mit dem Baby kommt die Rollenverteilung: Frau hütet Kind, Mann geht zur Arbeit. Obwohl die traditionellen Rollenbilder von »Hausfrau und Mutter« und »berufstätigem Vater« sich geändert haben und durch die Selbstverständlichkeit der »berufstätigen Frau« und dem Wunschbild des »Hausmanns« ersetzt wurden, lassen hohe Arbeitslosigkeit und der Kampf um den Arbeitsplatz die alte Rollenverteilung wieder auferstehen.
Als Begründung wird die Tatsache angegeben, dass es sich für die Familie sonst »nicht rechnet«. Diese Entscheidungen sind, wie eine Studie der Universität Bamberg bestätigt, »in erster Linie finanzielle Kalküle zwischen Partnern«. Das Argument besticht, wenn die Erziehungszeit nur unter finanziellen Gesichtspunkten und nicht unter Aspekten eines Wertewandels gesehen wird: Frauen verdienen im Durchschnitt immer noch ca. 27 Prozent weniger als die Männer, oft sogar in gleichen Berufsgruppen. Die Gründe dafür liegen nicht in mangelnder Qualifikation von Frauen, sondern in der karrierehinderlichen Kind-und-Beruf-Situation begründet. Schlecht bezahlte Teilzeitarbeit ist die Domäne berufstätiger Mütter, die damit ausgebuchte Kitaplätze und fehlende Betriebskindergärten auffangen.
Auch wenn die Hälfte der heutigen Väter die Trendwende zu mehr Partnerschaftlichkeit und Erziehungsverantwortung begrüßen und mehr sein möchten als der »Halbes-

Stündchen-am-Abend-Papi« verhindert die Sorge um den Arbeitsplatz, den Anschluss im Beruf zu verlieren, sich dem Spott der Kollegen auszusetzen und die mangelnde Überzeugung, dass der Karriereknick durch Babypause sich positiv im Lebenslauf ausmachen wird, die Bereitschaft, das Büro gegen eine Krabbelgruppe zu tauschen. Dabei könnten Männer, statt in teuren Manager-Survivaltrainings durch Grenzerfahrungen Kompetenzzuwachs zu erlangen, im Kinderzimmer nebenan viel direkter erlernen, was für ihre Qualifikation ein Muss ist: Organisation, Belastbarkeit, die Fähigkeit, soziale Netze zu bilden ... So sollen einige amerikanische Unternehmen schon mutig in die Zukunft blicken und Positionen mit Personalverantwortung nur mit Müttern oder Vätern besetzen, die mindestens ein Jahr Erziehungserfahrungen nachweisen können. Diese Mitarbeiter gelten als besonders belastbar und konfliktfähig.

Die Zukunftsforscherin Ooana Horx-Strathern behauptet in der Schweizer Zeitschrift Persorama (2/2001) sogar, »dass man klassisches karrieristisches Verhalten als negativ empfinden und sanktionieren wird (...). Überengagement wird dann eher als Karriereproblem und Charakterschwäche gedeutet werden.«

Traditionelle Rollenbilder, die Männern einst Halt und Orientierung gaben, sind heute Auslaufmodelle, die ersehnten Neuerscheinungen zurzeit noch Versuchsmodelle unter Testbedingungen. Für das Mann-Sein gibt es zu Beginn des dritten Jahrtausends keine gültige Gebrauchsanweisung und keine allseits anerkannten Vorbilder mehr. Das Ausmaß männlicher Orientierungslosigkeit zeigt sich unter anderem auch darin, dass ihre Helden Männer sind, die um die ganze Welt reisen, um in roten Kinderoveralls stundenlang mit roten Autos im Kreis zu fahren oder die jedes Wochenende mit 22 Millionären einem einzigen Ball hinterherlaufen.

Eine fundamentale Verunsicherung lässt viele Männer ohne Vorwarnung von einer Männerrolle in die andere springen. Eben noch verteidigt er seine außerhäusliche Präsenz mit dem uralten Männersatz »Für wen mache ich das denn alles!«, um dann unseren Einspruch mit dem Angebot »Bitte, wir können ja tauschen, dann bleibe ich zu Hause bei den Kindern und du kannst ja meinen Job machen« aus dem Weg zu räumen. Dagegen waren die alten Nestflüchtlinge wenigstens eine Grusel-Konstante, auf die wir uns mehr oder weniger einstellen konnten.

Auch im Hinterkopf des neuen Mannes sitzt tief versteckt immer noch die alte Idee, dass die Kinderversorgung nicht wirklich Männersache ist, auch wenn sie dem Zeitgeist folgend das Gegenteil behaupten. Sollten sie dann einmal in Ausnahmesituationen oder als Ausnahmemänner wie verantwortliche und interessierte Väter handeln, erwarten sie selbstverständlich, dafür über alle Maßen gelobt und anerkannt zu werden und insgeheim halten sie sich natürlich auch noch für die besseren Mütter. Dabei neigen die Statthalter der neuen Väterlichkeit, bedingt durch ihr Effizienzmuster, zu einer geringen Frustrationsschwelle, wenn ihr Einsatz am Kind – nach dem Motto: Zeit rein, Freude raus – nicht sofort honoriert wird, sondern einer eher übergeordneten Sinnfindung dient.

Barbara, 33, Silberschmiedin, zwei Kinder, verheiratet:

»Wenn unser Sohn mal wieder seine Schwester ärgert oder beim Essen rumzappelt oder nicht ins Bett geht,

> bin immer ich diejenige, die brüllt, Sanktionen androht und durchsetzt und ein ›Mami, du bist blöd!‹ erntet! Während mein Mann sich vor jedem Streit oder jeder Auseinandersetzung mit den Kindern drückt. Er, der Kuschelpapi, und ich, die fiese Mutter!«

Und so packen die neuen Frauen ihre Kinder ein und setzen sich mit ihnen resigniert zu ihren alten Müttern an die Klagemauer. Aussagen von Kindern auf die Frage »Was macht euer Papa am Wochenende?« – »Fernsehen, schlafen, Zeitung lesen, am Computer sitzen« oder »Papa, der hängt doch sowieso nur an seinem Handy«. Väter, meinen frustrierte Mütter, sollten an ihren Kindern hängen und nicht an ihrem Handy!

Weiterhin sind Frauen und Kinder allein zu Haus und erleben den männlichen Bewusstseinswandel in Form von Uralt-Versprechungen. »Wenn dieser Auftrag erledigt ist, bleib ich nicht mehr bis neun Uhr im Büro.« – »Nächstes Wochenende gehen wir Drachenfliegen.« – »Am Freitag bin ich bestimmt rechtzeitig zum Abendessen da.« – »Morgen lese ich euch eine Geschichte vor.«

Männer haben heutzutage zwar keine gültigen Rollenvorbilder, aber weiterhin eine systembedingte Begabung, ihren Vorteil auch in unübersichtlichen Situationen zu wahren. Seit der Jagd nach Moschusochsen in Steinzeittagen sind männliche Gene mit dem Faktor der gezielten Effizienz ausgestattet, die es dem Mann auch heute noch ermöglichen, mit kleinstem Einsatz große Wirkung zu erreichen: Wenn der Vater einmal in zehn Jahren mit seinen Kindern alleine zum Zelten fährt, ist ihm sicher, dass seine Kinder dieses Ereignis ihr Leben lang nie vergessen werden.

Wie einst sichern sie sich mit diesem Geschick auch heutzutage zwischen globalen Märkten und Kinderzimmer einen klaren Spielvorteil und die Verminderung ihres Stresspotenzials. Hingegen erreichen Frauen weiterhin mit größtem Einsatz selten mehr als geringe Wirkung, geschweige denn Anerkennung, Lob und Würdigung.
Ohne Anerkennung verstärkt sich bei Frauen das Gefühl der Belanglosigkeit ihrer jahrelangen Hausarbeit zwischen Pampers, Pudding und Partner. Die Folge: Sie schätzen ihre Leistungen selbst gering ein, neigen dazu, sie herunterzuspielen und leugnen ihre Unzufriedenheit. »Manche Psychologen sprechen von dem Phänomen der ›paradoxen Zufriedenheit‹, das möglicherweise daher rührt, dass die ungleiche Verteilung der Hausarbeit den Erwartungen nicht nur des Mannes, sondern auch der Frau entspricht. Es ist anzunehmen, dass Frauen trotz der objektiven Ungleichverteilung der Hausarbeit diese nicht als unfair wahrnehmen, da sie sie als Teil gesellschaftlicher Normen verinnerlicht haben«, schreibt Psychologie Heute (5/2003). Damit stabilisieren Ehefrauen unbewusst ihre verhasste Mama-Position selbst.
Die neue Frau, immer noch die Putzfrau für Seele und Socken, der neue Mann, gesteuert von den Genen des Cromagnonmenschen – gibt es da überhaupt noch Hoffnung? Eine Umfrage der Zeitschrift woman entdeckte helle Silberstreifen am düsteren Beziehungshimmel: 77 Prozent aller Väter können sich vorstellen, Teilzeit zu arbeiten und verheißen verblüfften Frauen, dass sie durchaus bereit sind, sich der Frage »Kind oder Karriere?« zu stellen. Mir persönlich fällt es schwer, dies als die Morgenröte einer neuen Zeitrechnung zu interpretieren, befürchte ich doch eher, dass es sich hier um das zweite Wirkungs-

prinzip der Spezies Mann handelt: »Nimm die Absicht als die Tat!« Über die verbale Aufgeschlossenheit bei relativer Verhaltensstarre wundern sich nur Soziologen, Männer eben. Frauen wissen, dass Männer Probleme, Anforderungen und Stress durch Lippenbekenntnisse entsorgen. »Ich bin immer für meine Kinder da«, behaupten viele Väter, die in Wirklichkeit so gut wie nie zu Hause sind.

Irgendwo, irgendwann haben wir Frauen nicht aufgepasst oder wahrscheinlich mussten wir mal wieder nach den Kindern sehen, sodass uns wenig Zeit und Aufmerksamkeit übrig blieb, für uns und unsere Belange zu sorgen. Währenddessen erlegten unsere Männer einen Säbelzahntiger oder auch nur eine kleine Buschziege und waren in jedem Fall die von allen umjubelten Helden. Sicherlich fühlten sich unsere männlichen Vorfahren auch schon damals von ihren Kindern mit Fragen wie »Wo warst du so lange? Warum kommst du jetzt erst?« genervt. Und damals wie heute benutzen die Männer die gleichen Ausreden: »Ihr seid doch bei eurer Mutter bestens aufgehoben!«

Irene, Einzelhandelskauffrau, 36 Jahre, verheiratet, zwei Kinder:

»Jens hält sich für einen guten Vater, da bin ich mir sicher. Er sagt immer wieder zu den Kindern: ›Ihr könnt jederzeit mit euren Problemen zu mir kommen!‹ Aber unsere Kinder kommen mit ihren Problemen immer nur zu mir, denn ich weiß, wovon sie reden, ich verbringe den normalen Alltag mit ihnen und kenne alle Details und Namen der Freunde,

> der Lehrer, ihre kleinen Sorgen und großen Wünsche, von klein auf. Mein Mann kennt ihre Schuhgrößen nicht, nicht mal den Namen der Klassenlehrerin unseres Ältesten, noch weiß er, wo seine Schule liegt.«

Hat sich also doch nichts geändert? Prägen immer noch Ambivalenz und Selbstsucht die Rolle des Mannes in der Familie, ohne dass er dies selbst als Defizit wahrnimmt? Oder begreifen Männer allmählich, dass es für ihre Ehen, für ihre Kinder, sogar für sie selbst fatal ist, wenn sie ihr Leben dermaßen eindimensional der Arbeit und ihrem Ego widmen? Und wieso haben sie zwar die Absicht, etwas zu ändern, tun es dann aber doch nicht? Wird die in der Geschäftswelt so hoch bewertete soziale Kompetenz der Verlässlichkeit und der Verbindlichkeit auch von den neuen Vätern weiterhin an der Haustür abgestreift? Und ist es ihm wirklich ernst damit einzusehen, dass es keine Rechte ohne Pflichten gibt?
Gegenfrage: Warum sollte sich etwas ändern? In den Privilegien (für Männer!) der patriarchalischen Gesellschaft, der damit verbundenen Machtposition und seiner nicht in Frage gestellten Männerrolle, die sich in Dominanz, Entschiedenheit und Durchsetzungsvermögen zeigte, hatte er sich doch seit Tausenden von Jahren gemütlich eingerichtet. Sollten Männer sich zu den neuen Ufern einer für sie noch diffusen Sinnfindung aufmachen, droht ihnen die Gefahr, sich freiwillig unangenehmen Herausforderungen und unerfreulichen Hausfrauendepressionen aussetzen zu müssen. Außerdem müssten sie ihre Illusion von ihrem Superselbst aufgeben, die Verantwortung übernehmen, für sich selbst zu sorgen, und bereit sein, die

Folgen ihrer Handlungen zu tragen. Und welcher Mann ist dazu schon aus freien Stücken bereit?
In der Zwischenzeit werden wir mit Absichtsbekundungen vertröstet wie dem Gerede vom »Come-back der Väterlichkeit« (Habe ich da irgendetwas nicht mitbekommen? Wieso Come-back?) und dem Wunsch von 67 Prozent der Väter, Erzieher ihrer Kinder zu sein und nicht nur der Ernährer, mit dem selbst gesteckten Ziel, von der »Erziehung« zur »Beziehung« zu gelangen. Hehre Worte, die aus väterlichem Munde klarstellen, dass sie nicht von selbst in Beziehung zu ihren Kindern stehen, sondern diese erst mühsam herstellen müssen.
Würde der Vater in die Rolle des neuen Positivpapas schlüpfen und an dem alltäglichen Leben seiner Kinder teilnehmen, müsste er Dinge einschränken, die ihm wichtig sind, oder gar auf sie verzichten: seine Arbeit, seine Hobbys, seine Freunde, seinen Verein, und vor allem sein Ausruhen, sein »Abschalten«. Er müsste seine Bedürfnisse opfern, um die seiner Frau und seiner Kinder zu erfüllen, und das bedeutet, etwas Schreckliches würde geschehen: Er verlöre seine Unabhängigkeit, seine Macht! Seine Frau und seine Kinder würden über ihn bestimmen, ihn kontrollieren, ihn bevormunden, er würde von ihnen vereinnahmt werden. Solange er der »Mann im Hause« ist, der Bestimmer seiner An- und Abwesenheit, seiner Teilnahme, seiner Verbindlichkeit, und die Möglichkeit benutzt, als der große Verwirrer die Forderungen seiner Familie zu unterlaufen, bleibt er auf der sicheren Seite. Nicht greifbar, nicht verbindlich, nicht verantwortlich. Ein unbewohnbarer Fels in der Brandung des Familienlebens.
Er glaubt, damit Herr im Hause zu sein, ist aber in Wirklichkeit ein Kind, das in seinem Kinderzimmer mit sei-

nem Leben und dem Leben seiner Familie Playstation spielt und in seiner Illusion von Macht und Großartigkeit nicht gestört werden will. Einst hat Mama für ihn gesorgt, jetzt übernimmt das seine Frau, eigentlich geht es ihm doch gut. Um nicht den Omegahühnern der Evolution zugerechnet zu werden, reicht doch vielleicht auch schon ein trendiges Outfit, es muss doch nicht gleich die Babypause sein.

Männliche Effizienz bedeutet, dass der Mann für das große Opfer seines eventuellen Bewusstseinswandels einen Gegenwert erhalten will, der es ihm ermöglicht, seine lieb gewordenen Pfründe loszulassen, ohne dabei das Gesicht zu verlieren. Vorher sollte er sich klar machen, dass seine Weigerung, die alte Männerrolle loszulassen, vor allem einem schadet: ihm selbst. Männer werden öfter krank als Frauen, sie sterben früher, sie begehen dreimal so häufig Selbstmord, 96 Prozent aller Gefängnisinsassen sind Männer, 70 Prozent aller Obdachlosen und die Mehrheit aller Alkohol- und Drogensüchtigen. Mann-Sein ist lebensgefährlich. Neue Werte braucht der Mann: Studien haben ergeben, wer sich in Beruf und Familie gleichermaßen engagiert, ist gesünder, psychisch stabiler und zufriedener mit seinem Leben.

Bis die »Work-Life-Balance« auch im letzten Reihenhaus Einzug gefunden hat, ist es sicher noch ein langer Weg, auf dem weniger die vom Schicksal durchtrainierten Frauen auf der Strecke bleiben werden als die männlichen Vermeider. Das sicherlich überzeugendste Argument, die männlichen Nachzügler des Wertewandels doch noch auf Trab zu bringen ist: Die neuen Männer haben, laut Umfragen, ein aktiveres und zufriedeneres Sexualleben als traditionelle Männer!

Wenn auch dieses Beweismaterial ihn nicht aufrüttelt, ein einigermaßen akzeptables soziales Wesen zu werden, dann ereilt ihn das Schicksal fast jedes zweiten deutschen Mannes: Die Frau nimmt die Kinder und geht!

Der SuperGAU: Meine Frau hat mich verlassen!

Völlig unerwartet ist er frei, »im Hier und Jetzt«, und kann endlich sein wildes Männerleben wieder aufnehmen: Keine Frau, keine Kinder, kein Stress, niemand will was von ihm, keiner fordert Verbindlichkeit, Verantwortung oder gar Anwesenheit! Der Ex-Familien-Flüchtling kann tun und lassen, was er will! Und was tut er? Er greift als Erstes zur Fernbedienung, dann zur Flasche und wenn er dann noch feststellt, dass Selbstbefriedigung auch nicht mehr das ist, was es früher einmal war, wird er, spätestens wenn er ratlos vor den zahlreichen Programmen der Waschmaschine steht, depressiv. Es mag für ihn nur ein geringer Trost sein, dass er nicht alleine vor den Trümmern einer ehemals viel versprechenden Beziehung sitzt: 46 Prozent aller Ehen werden geschieden, die meisten davon im fünften Ehejahr. Horst Petri konstatiert in »Das Drama der Vaterentbehrung«: »Statistiken gehen von rund einer Million Scheidungsvätern aus, von denen knapp 60 Prozent nach der Trennung ihre Kinder nach mehr oder weniger kurzer Zeit nicht mehr wiedersehen.«
Diese Zahlen stehen mit dem medienwirksamen Gespenst der bösen Ex-Frau, die sich zickig weigert, die Kinder ihrem geschiedenen Mann an vereinbarten Besuchszeiten zu überlassen, im Widerspruch. Natürlich gibt es

auch Ausnahmen und Frauen, die ihre Kinder dazu benutzen, ihrem Ex das neue Leben zu vermiesen – doch die Regel ist, dass die Väter nach der Trennung die Familie als eine Art Altlast abhaken und ihre Kinder kaum oder gar nicht mehr sehen. Männlichem Wehklagen gegenüber stehen Aussagen von Müttern.

> Zum Beispiel Kerstin, Fotografin, zwei Kinder, 34:
>
> »Seit einem Jahr bin ich geschieden. Mein Mann und ich teilen uns das Sorgerecht für unsere Kinder, Moritz ist sechs und Lily vier Jahre. Alle 14 Tage ist Papi-Wochenende, Jens, mein Ex-Mann, holt die beiden am Samstagmorgen ab und bringt sie Sonntagabend zurück – so ist jedenfalls die Absprache, die Wirklichkeit sieht aber anders aus. Fast immer kommt ihm etwas kurzfristig dazwischen, er kommt später, manchmal erst am Abend, oder er schafft es erst am Sonntag. Er vertröstet die Kinder Stunde um Stunde. Moritz und Lily sitzen auf gepackten Taschen und warten auf ihn und mir bricht das Herz.«

Der Kampf um das Sorgerecht, die Besuchszeiten, die Verantwortung haben vielfach nicht das Wohl der Kinder zum Ziel, sondern die Bestrafung des Ex-Partners, bei Männern wie auch bei Frauen. Im Allgemeinen neigen Frauen jedoch auch nach der Trennung eher dazu, die Väter ihrer Kinder zu beschönigen, weil sie ihren armen Scheidungskindern nicht auch noch das Bild vom liebevollen Papi zerstören wollen.

Währenddessen hat der Second-Hand-Mann in Anbetracht seiner brachliegenden Befriedigung nach frischer

Wäsche und zugänglichem Sex den Entschluss gefasst, diesem unerträglichen Zustand ein Ende zu setzen und unverzüglich die Versorgungslücke zu schließen: Eine neue Frau muss her! Eine, die ihn ohne Bedingungen liebt, selbstlos versorgt und bewundert. Und es ist kaum zu glauben, er wird in seiner offensichtlichen Bedürftigkeit sehr schnell von einer herumstreunenden Retterin aus Berufung aufgespürt, die dringlich einen Mann sucht, dem sie helfen kann, damit er sie liebt, sie unzertrennlich sind ... – und das Drama von Forderungen und Flucht, von Nähe und Distanz beginnt erneut ...

»Ich bin nicht deine Mutter!«

Aus hippen Trendwohnungen wie aus engen Reihenhäusern schallt DER männliche Empörungsschrei: »Behandle mich nicht wie ein kleines Kind!« Was hat sie ihrem Ehemann, nicht etwa ihrem Sohn, bloß angetan? Fassungslos blicken wir Frauen auf unsere Männer, die eigentlich unsere gleichberechtigten Partner sein sollten. Eben hat er sie gefragt: »Was soll ich anziehen?« Und jetzt wirft er ihr nörgelnd vor, ihn wie ein dummes, unfähiges Kind zu behandeln. Immer wieder stellen Frauen klar: »Ich bin nicht deine Mutter!« Männer nehmen dies schlichtweg nicht zur Kenntnis. Warum? Weil sie von ihren Frauen bemuttert werden wollen! Bemuttert ja, aber auf keinen Fall kontrolliert!

Diese Mutter hatte zwei Gesichter: Die Mutter ist gut, wenn sie sich um seine Kleidung kümmerte, hinter ihm herräumte, seine Wäsche machte, einkaufen ging, ihm das Essen kochte, ihn tröstete, lobte und ihn vor allem still

und bedingungslos liebte. Die böse Mutter dagegen, das ist die Kontrollierende, Mahnende, Beaufsichtigende, die Mutter, die immer etwas von ihrem Sohn will: »Räum deine Sachen weg!«, »Wohin gehst du?«, »Wann kommst du wieder?«, »Mach dies, mach das ...!« Männer kehren gerne demonstrativ ihre Unabhängigkeit heraus, die allerdings im Widerspruch zu unserer Alltagserfahrung mit ihnen steht. Anstatt darüber ärgerlich, faltig und hässlich zu werden, sollten wir erkennen, dass sich dahinter oftmals männliche Hilflosigkeit sowie das Bedürfnis nach einer Frau, auf die sie sich ganz und gar emotional verlassen können, versteckt. Tragischerweise fühlen sie sich gleichzeitig von eben dieser Traumfrau bedroht, da sie befürchten, ihre Macht und Unabhängigkeit zu verlieren, wenn sie sich dieser Frau gefühlsmäßig ausliefern.
Die Mehrheit der heutigen Männer wurde von ihren Vätern den Müttern überlassen, diese übernahmen mehr oder weniger freiwillig die Verantwortung für die körperliche und emotionale Versorgung des Kindes. So wuchsen die Jungen mit uns Mädchen zusammen in den Räumen der hingebungsvollen, allerdings meist gestressten Mutter auf, in denen fast immer die Väterlichkeit fehlte, ein Defizit, das die Mutter durch noch mehr Mütterlichkeit kompensierte. Die Folge ist, dass für die meisten Heranwachsenden die Eltern keine Vorbilder, sondern Warnungen oder sogar Abschreckungen sind. Der Sohn – unser heutiger Mann – lernte vielleicht etwas über Frauen, doch er lernte selten etwas über positive Partnerschaftlichkeit, Vaterschaft, Männlichkeit.
Die Abhängigkeit von der Versorgung, von der Bestätigung und der Zuwendung durch Frauen, schlimmer noch der »einen« Frau, ist für Männer fundamental beängsti-

gend. Um dieser gefährlichen Abhängigkeit, die Männer mit Schwäche gleichsetzen, zu entkommen, verhalten sie sich gegenüber Frauen kühl und distanziert. Hier liegen die Ursachen der Ambivalenz des männlichen Verhaltens begründet. Seine unerklärliche Zwiespältigkeit: »Du bist mein Ein und Alles!«, wobei er zum x-ten Mal unseren Hochzeitstag vergisst, seine Distanziertheit, seine Fluchten, seine Abwesenheit ... Er steckt in einer Zwickmühle: Um männlich autonom zu sein, muss er Abhängigkeiten meiden; um emotional versorgt zu werden, muss er sich mit uns verbinden. Er sehnt sich nach Nähe und gleichzeitig fürchtet er sie.
Spätestens jetzt sollte es jeder Frauen klar sein, dass die Distanziertheit und die Abwesenheit unserer Männer nichts mit uns zu tun hat, sondern alles mit ihnen selbst!
Es ist ihr Problem und nicht unseres!
Willkommen in der Freiheit, Mädels!

Peter Pan

Wir Frauen sind – so ist es nun einmal – von Kopf bis Fuß auf Verbindung eingestellt. Wir sind durch nichts davon abzubringen, mit einem Mann – und nicht mit einem kleinen Jungen, der sich weigert erwachsen zu werden – unser Leben zu teilen. Aber, Peter Pan hat ein Problem: Um zu wachsen und ein Mann zu werden, muss er sich vom zweiten Lebensjahr an von der Mutter weg, hin zum Vater wenden. Das bedeutete für die meisten heute erwachsenen Männer: von der Omnipotenz der Mutter ins Vakuum des Vaters. Orientierungslos suchten sie nach Vorbildern in Comics, Wrestlingfiguren und Actionkinos, deren Szenarien bevölkert sind mit gefühllosen Kampfmaschinen und grausamen oder hilflosen Frauen. Jungsträume von Allmacht, die kleine Jungs auch träumen sollen. Nur wenn dieses Terminator-Bild vom Mann einseitig bleibt, fehlt den später erwachsenen kleinen Jungs etwas, das inzwischen den kleinen Mädchen das Wichtigste geworden ist: die Fähigkeit, eine Beziehung einzugehen.

In dem Vakuum des abwesenden Vaters hat der Junge nie einen Mann in Beziehung zu einer Frau erlebt. Hat er je gesehen, wie sein Vater seine Mutter zärtlich berührte, wie er sie liebevoll ansah, wie er sie tröstete, wie er ihr zuhörte, wie er sie zum Lachen brachte? Konnte er sehen, dass der Vater gerne zu Hause war? Hörte er den Vater voller Achtung über die Mutter reden? Erlebte er, dass die Familie seinem Vater wichtiger war als alles andere? Wahrscheinlich nicht. Wahrscheinlich war der Vater meist »beschäftigt«, mit für den Jungen unbekannten Größen, wie Firma, Kollegen, Sport, Hobbys, die alle eins gemeinsam hatten: Sie waren ihm offensichtlich wichtiger als er und die Mutter.

»Muttersöhnchen« zu sein, weisen Männer mit aller Entschiedenheit von sich, legen aber jede Handlung seitens ihrer Partnerin, die nicht dieser mütterlichen Haltung entspricht, nörgelnd als mangelnde Liebe aus. Diese Bedürftigkeit, die eher der emotionalen Unreife eines Kleinkindes entspricht, zeigt sich auch in dem Frauen aus der Fassung bringenden Wunsch des geehelichten stellvertretenden Abteilungsleiters nach Lob, nach Bewunderung und in seiner Konfliktvermeidung, seiner Unverbindlichkeit und dem Nichtertragen der kleinsten Kritik. Sie ähneln eher kleinen Jungs, die vor der Erfahrung der Hilflosigkeit, der Ohnmacht davonlaufen, weil sie Angst haben, sich als Versager zu outen, und denen stattdessen die Handhabung von multiplen Fernbedienungen das Gefühl von Großartigkeit vermittelt. Wo der Erwachsene Freiheit in Verantwortung sieht, schrecken viele Männer zurück in ihre Kinderzimmer der mauligen Unverbindlichkeit, geborgen in nie versiegender Muttiliebe.

Wenn es etwas gibt, was wirklich alle Männer lautstark ablehnen, dann ist es die dominante Frau. Stammtischwitze über dieses Feindbild gibt es zuhauf, die den Männern die Möglichkeit geben, ihre Angst vor der einst dominanten Mutter abzuwehren und hinter Lächerlichmachen und Bösartigkeit zu verstecken. Dabei ist diese Angst ambivalent, denn von der Liebe dieser starken, fürsorglichen Frau hat sich der kleine Junge einst genauso abhängig gefühlt wie er sie gleichzeitig gebraucht hat.

Um ein »richtiger« Mann zu werden, musste er das, was weiblich an ihm war, ablegen, die Macht der Mutter leugnen und sich mit der Macht des Vaters identifizieren. Das bedeutete in den meisten Fällen, die Identifikation mit dessen Distanziertheit, Ich-Bezogenheit, Abwesenheit. Die positive väterliche Macht, das Vaterprinzip – der Beschützende, der Aktive, der Praktische, der Regeln aufstellt, Entscheidungen fällt, Termine einhält, sich in der Welt behauptet, Grenzen und Prioritäten setzt, Pläne macht, Sachen repariert, der Mutige, der Wissende – blieb eine ungestillte Sehnsucht ohne konkrete Zielvorgabe.

Der Vater hat für die Entwicklung des Jungen eine andere Bedeutung als für Mädchen. Mädchen benötigen den Vater, um ihre »männlichen« Seiten, wie Durchsetzungskraft, Abgrenzungsvermögen und Autonomie, in sich zu entwickeln; Jungen benötigen ein Vatervorbild, nach dem sie sich ausrichten können. Wenn sich, wie zumeist, die väterliche Macht in der Distanz und Unzugänglichkeit zeigt, der Sohn zudem angehalten wird, sich durchzusetzen, keine Gefühle zu zeigen, sich keine Blöße zu geben, Mut und Unabhängigkeit zu demonstrieren, dann wird der Junge genau dieses Verhalten als »männliches« Verhalten übernehmen. Dabei ist es egal, ob er diese Rollenvorgabe später wiederholt oder es ablehnt, sie ist sein Bild vom Mann-Sein.

Natürlich gibt es auch Söhne – die Mehrheit, Gott sei Dank, die nach der Doktrin »Wie mein Vater will ich nie werden!« leben. Damit überdecken sie allerdings nur ihre Angst, genau so zu werden wie er. Revoluzzer-Söhne, fest am Strick ihrer Vatersehnsucht, machen nun garantiert alles anders als Papa und sind dann meist zu angestrengt, zu gut, zu sanft, zu einsichtig. Auch spüren deren Partnerinnen, dass diese Männer oft nicht authentisch sind und in die Knie gehen, wenn der Sturm des Lebens, meist von Frauen losgetreten, über sie hinwegpfeift.

Es ist oft nur schwer zu erkennen, dass der Bruch mit dem Vater, die Abhängigkeit vom negativen Vatervorbild als gegensätzliches Verhalten (Revolution) getarnt ist. Wirkliche Freiheit bedeutet leider nicht einfach nur, das Gegenteil vom bösen Vater zu tun. Freiheit ist immer auch Authentizität. Nur: Was an mir ist echt? Was ist falsch? Wer sagt mir das? Wer zeigt mir den Weg? Immer nur Mama? Abwesende Väter haben orientierungslose Söhne erschaffen. Anstatt von ihren Vätern über eine Brücke in die Außenwelt geführt worden zu sein, in der sie als Männer in einer menschlichen Welt ihren Platz finden, bleiben sie Kinder im »Hotel Mama«.

Im Gegensatz zu uns Frauen kann sich der vatervergessene Junge später als Mann wieder eine »Mutter« suchen, eine Frau, die ihn liebt und bemuttert, die alle seine Bedürfnisse erfüllt und Eigenarten toleriert. Frauen ist dies, es sei denn, sie sind lesbisch, nicht möglich. Auf uns wartet keine Mutter und wir müssen uns damit abfinden, unsere ungestillten Bedürfnisse nach dem »Bemuttertwerden« nicht erfüllt zu bekommen.

Forever young

Zurück zu unserem tragischen Pubertierenden, der nicht älter Werdende, der ewige Peter Pan, der siegreiche Held des sicheren Kinderzimmers, der Mann, der nicht erwachsen werden will. Erkennen Sie ihn? Fest glaubt er an den Kindermythos »forever young« und je nach Kassenlage stellt er sich junge Frauen zur Seite, die seine Jugendlichkeit unterstreichen sollen, ihn meist aber nur peinlich und immer doppelt so alt aussehen lassen.

Männer verteidigen ihre Lächerlichkeit mit der Sage von den jungen Frauen, die auf ältere Männer stehen. Sie ist, wie die Geschichten in »Die Spinne in der Yucca-Palme«, in Männerhirnen unausrottbar und nimmt proportional zu, wenn die Träger dieser Hirne sich die ersten grauen Haare wegtönen lassen.

Reichen die heutigen gesellschaftlichen Rituale und gesetzlichen Regelungen nicht, den Mann aus seiner Adoleszenz herauszuholen: Schulabschlüsse, Volljährigkeit, politische Mündigkeit, Führerschein, Militär- und Zivildienst?

Früher, da gab es bekanntlich nicht nur mehr Lametta, sondern es war auch alles einfacher, besser geregelt, es wollte nicht jeder Dummkopf mitreden und die Alten sagten klipp und klar, wo es langging: In allen Kulturen gab es Märchen, Legenden und Mythen, die von Generation zu Generation weitererzählt wurden. Sie gaben Auskunft darüber, was Mensch-Sein bedeutet, wie man auf bestimmte Krisen und Herausforderungen reagieren muss, wie man mit Enttäuschung und Niederlagen, aber auch mit Glück und Erfolg umzugehen hat; welchen Wert Liebe und Tod haben, Mut und Angst, Freundschaft und Verrat. Sie vermittelten gültige Regeln für das Miteinander der Menschen. Mythen boten Lebensmodelle, so auch Modelle für Männlichkeit, die zeigten, wie und wodurch ein Junge zum Mann wird.

Jede Sage behandelte die Entwicklung des Menschen von der kindlichen Abhängigkeit zum selbstverantwortlichen Erwachsenen, zur Reife, bis zum Tod. Mythen brauchen Generationen, um sich für alle gültig im Bewusstsein zu verankern, von wo aus sie regulierend auf die Gesellschaft einwirken können. In der Zeit, in der wir leben, verändern sich die Dinge, Begriffe, Werte zu schnell, um sich mythologisieren zu lassen, sodass wir heute in den westlichen Industriestaaten in einer entmythologisierten Welt leben. Doch nicht nur die Mythen sind verschwunden, auch die Rituale, ob religiös oder politisch – auch sie gaben den Mitgliedern eines Stammes, einer Gesellschaft klare Regeln, Grenzen und Vertrauen in die Richtigkeit und Weisheit einer übergeordneten Macht.

Heute dagegen stehen Selbstverantwortung und soziale Kompetenz an erster Stelle der gesellschaftlichen Werteskala. Vom Kindergarten bis zum Verkaufstraining, vom Abitur bis zum Seniorenclub ist Selbstverantwortung unumgänglich. Die Gesellschaft ist dabei, erwachsen zu werden, langsam, mit vielen Rückschlägen und einigen Nachzüglern: den Männern! Warum haben gerade sie es so

schwer, sich aus ihrer kuscheligen Kindheit zu befreien? Licgt es daran, dass ihnen die Rituale fehlen, die sie zum Mann machen?
Ein Mädchen lässt seinen Kinderkörper ohne Hilfe von außen hinter sich. Durch seine Natur und seine Hormone wird es von alleine zur Frau, seine erste Menstruation markiert die Veränderung unwiederbringlich. Jungen fehlt diese eindeutige und klare Erfahrung, sie haben kein drastisches Erlebnis dieser Art. Völkerkundler stellten in vergleichenden Forschungen fest, dass in den meisten Kulturen dieser Erde die Männer nicht selbstverständlich zu Männern erwachsen, eine männliche Identität bekommen, sondern durch das Bestehen von schwersten und gewalttätigen Prüfungen erst beweisen müssen, dass sie Männer sind. Kein Wunder also, dass sie lieber in ihren Kinderzimmern bleiben wollen. So haben sich seit Urzeiten Initiationsrituale entwickelt, die auch den Jungen körperlich erleben lassen, dass er danach unwiederbringlich ein Mann ist. Diese Rituale führten die Jungen zu körperlichen und psychischen Grenzerfahrungen, von deren Brutalität wir uns heute empört abwenden, weil wir den tieferen Sinn dieser grausamen Rituale vergessen haben. Vielleicht suchen die heutigen 15-Jährigen diese Grenzerfahrungen in vor Gewalt strotzenden Computerspielen und Filmen, die ihre besorgten Mütter und Filmzensoren zu verbannen suchen. Dass das Zuschauen nicht die wirkliche Erfahrung vermittelt, spüren unbewusst auch diese Jungen. So suchen sie süchtig, weil unbefriedigt, in ihrer Ersatzwelt der Actionfilme und Computerspiele nach dem immer noch größeren Kick der Brutalität und bleiben bestenfalls frustriert, schlimmstenfalls mit schwindenden Aggressionshemmungen zurück.

Fest steht, wer heute ein Junge ist, ist nicht zu beneiden, die Propagandisten des Coolismus haben heftige Probleme: Jugendgewalt, Jugendkriminalität und Drogen gehen fast ausschließlich auf das Konto von Jungen. Sie bleiben doppelt so oft in der Schule sitzen und sind doppelt so häufig Bettnässer wie Mädchen. Sie leiden öfter unter Sprach-, Lese- und Schreibstörungen, stottern viermal so oft, sie sind häufiger krank, begehen mehr Selbstmorde als Mädchen, erleiden doppelt so viele Körperverletzungen und werden achtmal häufiger beraubt. »Es ist nicht leicht, heutzutage ein Mann zu werden!«, stellt die Zeitschrift GEO Wissen (09/00) fest und zitiert Walter Hollstein, Professor für Politische Soziologie in Berlin. »Mannsein ist eine hochriskante Lebensform. Denn was einen Mann landläufig zum Mann macht, schadet ihm zugleich: gefährliche Jobs, Rauchen, Trinken, riskanter Sport, Aggressivität, Gewaltneigung – Verhaltensmuster, denen sich Männer fügen, um gesellschaftlich als ›ganze Kerle‹ zu gelten.«

Psychologie Heute (12/1998) zitiert die Sozialwissenschaftlerin Anita Heiliger, die fordert, »dass Jungen keine ›tollen Hechte‹ mehr sein müssen und nicht länger Anerkennung erhalten für Stärke, Abhärtung und Gefühlsbeherrschung, sondern für Gefühlsäußerung und Empathie, für soziales Verhalten, für respektvollen Umgang mit dem anderen Geschlecht, für Zurückhaltung in der öffentlichen Darstellung, für das Akzeptieren von Schwächen und Verletzlichkeiten bei sich und anderen.« Super, aber da stellt sich nicht nur Psychologie Heute die Frage: »Wer soll den Jungen das zivile Miteinander beibringen?« Nur um Missverständnissen vorzubeugen, dies artet weder in eine Befürwortung von grausamen Steinzeitritualen noch in ein Plädoyer für öffentliche Beschneidungen von männlichen Jugendlichen in einer RTL-Show aus. Mir ist es wichtig, die Hintergründe aufzudecken. Die unglaubliche Faszination von Millionen Zuschauern bei der TV-Reality-Show »Dschungelcamp«, die auf perfide Art diese Grenzerfahrungen manipuliert, verweist oberflächlich auf Abstumpfung, dahinter aber vielleicht auf gesellschaftliche Urbedürfnisse, die offenbar nur mit einem zivilisatorischen, humanistischen Mäntelchen überdeckt wurden. Anscheinend war den Naturvölkern die Furcht, sich nicht als »richtiger Mann« zu beweisen, schon vertraut und so erschufen sie in Mythen und Ritualen Wege, um diese für die Gemeinschaft gefährliche Urkraft zu transformieren. Allen Initiationsritualen der Urgesellschaften ist der Gedanke vom »kleinen Tod« gemeinsam, den der Junge körperlich und seelisch erlebt: Er lässt sein Kinder-Ich sterben, um als Mann wiedergeboren zu werden.

Der Bedarf an Anweisungen ist riesig und offensichtlich. Da ältere Männer sich durch ihre Jagd nach »forever young« selbst disqualifiziert haben und die Väter durch Abwesenheit ausfallen, wird die Sehnsucht nach allgemeingültigen Mythen von Traumfabriken des globalen Marktes aufgefangen. Hollywoods Filmproduktionen, mit ihrer Spürnase für trendige Kassenknüller, entdeckten die Arbeiten des Mythenforschers Joseph Campbell und ließen ihre Erfolgsdrehbücher nach den uralten Mythengesetzmäßigkeiten und -dramaturgien schreiben, von »Star Wars« bis »The day after tomorrow«, von »Titanic« bis »Free Willy«. Und wie groß der Bedarf der kleinen Jungen auf der ganzen Welt ist, Anweisungen zum Mann-Sein zu erhalten, beweist der Plot vieler erfolgreicher Hollywoodfilme: Ein kleiner Junge wird zum Mann. »Star Wars« ist das klassische Beispiel einer Intitiations-Mythologie. Joseph Campbell war der Drehbuchberater des Produzenten George Lucas. Der heutige Erfolg von »Herr der Ringe« basiert auf den gleichen Mechanismen. Und das Erstaunliche ist, die Helden sind immer männlich. Mädchen sind Zutaten, meist hübsch, manchmal zickig, manchmal liebevoll. In »Star Wars« und »Herr der Ringe« sind sie schon Prinzessinnen, in Harry Potter kleine, taffe »Superfrauen«, in »Matrix« kluge, alles könnende Hermaphroditen, bei denen frau sich fragt: »Wozu brauchen diese Wesen diese unsicheren Kindmänner?« Eine gute Frage! Nicht nur mit dem Blick auf den Mann neben uns im Kinosessel, sondern grundsätzlich!

Mann sucht Männlichkeit

Also, wie können wir ihm helfen – unsere Lieblingsbeschäftigung – oder ist ihm nicht zu helfen? Sollen Frauen, statt von einer traumhaften Hochzeit in Weiß, mit Blumen, Musik und neidischen Freundinnen zu träumen, den Pfarrer – oder wohl eher den Standesbeamten – überreden, längst überfällige blutige Initiationsrituale an ihrem Auserwählten vorzunehmen? Nur damit sie sicher sein können, dass wenn sie den Schleier der Verliebtheit heben, statt eines quengeligen kleinen Jungen ein erwachsener, verantwortungsvoller Ehemann zum Vorschein kommt! Oder sollte man Erlebnisparks neuen Bestimmungen zuführen? Oder die Dschungelcamp-Sendungen für 18-Jährige live durchführen, statt Konfirmation? Apropos Konfirmation: Wenn dieses christliche Initiationsritual nicht zu einer reinen Geldsammelaktion mit ein bisschen Oma-Tanten-Kuchen-Drumherum verkümmert wäre, man hätte vielleicht was draus machen können!

Was macht einen Mann zum Mann? Wählen, der Führerschein, rauchen, trinken, masturbieren, der erste Sex? Wohl kaum, wir haben ja genug Anschauungsmaterial, um uns das Ergebnis 20 Jahre später anzusehen – und keine andere Wahl, als die Versuchsreihe als gescheitert zu betrachten. Hier sollten wir Frauen klar erkennen, dass wir uns in einer Übergangsphase befinden, mit Übergangsmännern.

Auf die Frage »Was hat dein Vater für dich ganz persönlich getan?«, antwortete ein 45-jähriger Mann: »Er hat mir seine Interessen für Kunst und Musik vermittelt!«

»SEINE Interessen? Und waren das auch DEINE?«

»Am Anfang nicht, später schon! Außerdem hat er die Krankheit meiner Mutter toll durchgestanden!«

»Wieso? Krank war doch sie!«

»Na ja, aber er hat mich versorgt!«

»Womit? Wurdest du noch gewindelt?«

»Nein, ich war schon 16 Jahre alt!«

»Also, was hat er so Tolles gemacht?«

»Das weiß ich nicht so genau.«

»Dein Essen?«

»Nee, weil beide arbeiteten, war ich ja Schlüsselkind, das Essen habe ich mir alleine gemacht!«

»Irgendwas muss dein Vater doch gemacht haben, dass du mir dies als Beispiel nanntest?«

»Ich weiß es nicht genau ...«

Als die Fragende etwas fassungslos die Hypothese aufstellte, dass der Vater in der Tat nichts Bemerkenswertes getan hatte, er sich also zu Recht an nichts Beeindruckendes erinnern konnte, kamen sie zu dem entscheidenden Punkt: Der Vater hatte immer wieder der Verwandtschaft, den Freunden und Arbeitskollegen erzählt, wie heroisch er die Krankheit seiner Frau ertragen und alle Mühen der Hausarbeit und die Versorgung des Sohnes (16!) auf sich genommen hatte. Das wurde zu einer immer wieder kolportierten Familiengeschichte und der Vater konnte sich genüsslich im Glanz seiner Heldentaten sonnen. Wohl gemerkt, die Mutter lag mit einem komplizierten Bruch zwei Monate im Krankenhaus, überstand mehrere schwere Operationen und musste danach mit sehr schmerzhaften Folgeschäden leben. Doch wer identifiziert sich schon gerne mit Opfern? Helden sind gefragt und dass sie es mit der Wahrheit nicht so genau nehmen, um ihr schwächelndes Ego aufzupumpen – wen interessiert das schon? Sehen wir einmal den nicht zu leugnenden Tatsachen mutig ins Auge: Ganze Generationen von Männern wuchsen mit einem abwesenden Vater oder ganz ohne Vater bei ihren Müttern auf. Die Mütter waren starke, enttäuschte Frauen, die die Väter ihrer Kinder als Nullnummern abgehakt hatten, ihren Söhnen zwar Lebenstüchtigkeit und die Befähigung zum Kochen, Hemdenbügeln und Staubsaugen vermittelt hatten, aber keine Rezepte für das Mann-Sein und für das In-Beziehungen-Sein mitgeben konnten.

Der abwesende Mann ist sich selbst abhanden gekommen. Irgendwo zwischen industrieller Revolution, zwei Weltkriegen, Emanzipation und der Informationsgesellschaft hat der alte Mann ausgedient, ohne dass die Betroffenen den genauen Zeitpunkt seines Ablebens bemerkt hätten. Daher stellen auch Cheryl Benard und Edit Schlaffer in ihrem Buch »Männer« fest: »... die schlichte, harte

Wahrheit ist dieses. Die Welt braucht keine Männer mehr. Die Eigenschaften von Härte und Kampfbereitschaft, von Aushalten in Extremsituationen sind überflüssig, wenn nicht gar schädlich, wenn man in Hamburg oder Philadelphia oder Graz lebt statt am Amazonas.«

Mann-Sein ist heutzutage nahezu unmöglich.

Fassen wir zusammen:

1. Fast alle Männer konnten in ihrer Kindheit nicht ihr authentisches Selbst entwickeln.

2. Männern war es oft unmöglich, sich von der Mutter zu lösen, da es kaum anwesende Väter gab, die sie auffingen.

3. Männer bekamen als Kinder kein positives Vaterbild, keine positive Partnerschaft zur Orientierung und zum Vorbild.

4. Männer müssen ihre männliche Identität erst mühsam erwerben, abgesehen von ihren primären Geschlechtsmerkmalen, mit denen sie auf die Welt gekommen sind.

5. Männliche Eigenschaften wie Muskelkraft, Gewaltbereitschaft und Dominanzgebaren sind in der Informations- und Dienstleistungsgesellschaft überflüssig.

6. Mann-Sein ist lebensgefährlich. Männer sterben früher, sind häufiger krank, suchtgefährdet und begehen öfter Selbstmord.

7. Zum-Mann-Werden ist auch höchst riskant. Heutige Jungs haben nach neuesten Zahlen kaum die Chance, körperlich und seelisch intakt ihre Kindheit zu überleben.

Ein Schreckensszenario oder ein soziologischer Gemeinplatz in Übergangszeiten? »Wenn man an das Ende der einen Zeit und den Anfang einer neuen kommt, gibt es eine Periode gewaltiger Schmerzen und Unruhen«, stellt Joseph Campbell in »Die Kraft der Mythen« fest.

Obwohl Frauen von den meisten dieser tragischen und

folgenschweren Handycaps verschont geblieben sind, haben sie ein anderes heftiges Problem, ein Krisengebiet von epidemischen Ausmaßen: den verunsicherten Mann an ihrer Seite!

Der traditionelle Mann hat seine Markttauglichkeit eingebüßt, ein Auslaufmodell der Evolution. Eigentlich etwas schade. Leichtes Bedauern geht als Raunen durch das Jammertal der Frauen, das eine oder andere hätten wir dann doch gerne in leicht modifizierter Form auch im neuen Mann belassen, zum Beispiel seine animalische Wildheit, wenn sie sich statt in der freien Marktwirtschaft im ehelichen Schlafzimmer gezeigt hätte. Bisher brach sie eher eruptiv in freier Wildbahn hervor: Auf einem Markt in Goa, Marrakesch oder Neumünster konnte der alte wilde Mann zeigen, welche Urinstinkte in ihm lauerten und stets abrufbar waren: beim Handeln! Erste Regel: den Verkäufer abwerten! Zweite Regel: sich als Durchblickenden aufwerten! Dritte Regel: Wenn man die Sache wirklich haben will, keine Emotionen zeigen! – Das Muster kommt der Frau an sich doch irgendwie bekannt vor? Der alte wilde Mann befand sich ständig in Dominatorbereitschaft, indem er sein Ego mit der Strategie, den anderen abwerten, sich aufwerten, keine Gefühle zeigen durchsetzte.

Auch dieses Kalkül ist ein Indiz für den überholten Prototyp »wilder Mann«, denn wie Ken Wilber in »Kurze Geschichte des Kosmos« schreibt, ist »die Entwicklung im Allgemeinen durch einen Rückgang der Egozentrik gekennzeichnet« – ein weiterer Beweis dafür, dass wir Frauen Vorreiterinnen der Evolution sind. Egozentrik wurde uns schon als kleinen Mädchen ausgetrieben und durch Aufopferung ersetzt, doch offensichtlich geht es

den Egozentrikern, meist männlichen Geschlechts, besser. Sie sind egozentrisch und wir leiden darunter.
Darum stellt sich die Frage: Warum geben wir uns eigentlich mit einem Anachronismus ab, der zudem meist schlecht gelaunt ist und unsere aufopfernde Entwicklungsarbeit für seine marktgerechte neue Identität nicht zu würdigen weiß?
Zur Beruhigung: Die Männer, die an traditionellen Rollen festhalten, sterben aus, 40 Prozent sind älter als 60 Jahre. Auch wenn sie versuchen, auf Harleys mit schwarzen Lederblousons oder im offenen Sportwagen mit kecken Baseballkappen ihren Ablauftermin zu vertuschen, bleiben sie Auslaufmodelle.
Mit ihrem Ableben löst sich hoffentlich auch eine ständige Bedrohung für das menschliche Überleben auf diesem Planeten auf: Seit prähistorischer Zeit, also seit etwa 200 000 Jahren, wird das Verhalten des Mannes von seinen männlichen Hormonen angeheizt. Ken Wilber formuliert dies in »Kurze Geschichte des Kosmos« folgendermaßen: »... es scheint, dass Testosteron zwei und nur zwei Antriebe hervorruft: Vögle es oder töte es.« Dieser kompromisslosen hormonellen Bestimmung waren Männer seit Jahrtausenden gnadenlos ausgeliefert und mit ihnen ihre bedauernswerten Frauen; nur in so genannten Kulturepochen gelang es dem Testosteronwirt, seine Hormone mehr oder weniger erfolgreich zu kaschieren: vom Minnesang bis zu Abrüstungskonferenzen. Durch alle Epochen hielt die Glaubwürdigkeit dieser männlichen Egomanen selten weiblichen Werteüberprüfungen stand. Wenn heute statt Posing emotionale und soziale Kompetenz gefragt ist, dann bröckelt das männliche Selbstbewusstsein dahin wie eine ägyptische Mumie bei

Tageslicht. Was bleibt, sind desorientierte und verwirrte Männer, die ihre Erfolgsleiter hochgestiegen sind und nun entdecken, dass sie sie ans falsche Gebäude gelehnt haben.
Immer mehr beginnen zu ahnen, dass es nicht mehr stimmt, das alte Männerbild des Beschützers, Draufgängers, Kriegers – doch was nun?
»Papi, hilf!« Da kein Papi da ist, um ihm klare Befehle zu erteilen, flüchtet der Verwirrte entweder zu alten oder neuen Klischeebildern des Mann-Seins oder ins Fitnessstudio, wo letzte Klimmzüge männlicher Macho-Muskeln doch noch auf Anerkennung zählen können.
In der Zwischenzeit wird der irritierte heutige Mann weiter untersucht, in der Hoffnung, ihm statt einer Anleitung wenigstens eine Prognose mit auf den Weg geben zu können. Psychologie Heute (11/99) stellt das Ergebnis einer Analyse von Rainer Volz und Paul M. Zulehner vom Ludwig-Boltzmann-Institut für Werteforschung vor, die eine neue Tendenz aufzeigt: multiple Männerrollen.
Sie unterscheidet vier Männertypen:

1. Der traditionelle Mann (19 Prozent, 40 Prozent älter als 60 Jahre): Das Wichtigste im Leben dieses Mannes ist sein Beruf. Aus ihm schöpft er seinen Sinn.
2. Der neue Mann (19 Prozent, 70 Prozent jünger als 40 Jahre): Hält seine Arbeit nicht für die Hauptsinnquelle seines Lebens.
3. Der pragmatische Mann (25 Prozent): Dieser Typ akzeptiert traditionelle Elemente, versucht aber gleichzeitig, neue Rollenelemente zu integrieren.
4. Der unsichere Mann (37 Prozent): Dieser Typ sitzt zwischen den Stühlen. Er akzeptiert weder die traditionelle Männerrolle noch kommt mit der neuen zurecht.

Um diesem Hin- und Hergerissensein zu entgehen, halten die meisten Männer erst einmal an ihren Positionen fest, auch an der Position des Unsicheren. 37 Prozent der Männer geben ihre Unsicherheit zu. Das ist nicht nur eine Sensation, sondern könnte auch der Beginn eines Quantensprungs in der männlicher Entwicklung bedeuten. Neues kann nur entstehen aus der Unsicherheit, aus dem Infragestellen und der Bereitschaft, Fehler zu machen, und nicht aus dem Sicherheitsbedürfnis, alles lieber beim Alten zu belassen, das meistens der Angst entspringt. Neues Denken braucht das Land, individuelle Männerbilder, Rollenflexibilität: der neue Mann – ein Mix aus den traditionellen und neuen Rollenvorgaben und Werten; langsame, zaghafte Gehversuche in Richtung »Besser-Mensch«.

Männer hätten dann die Chance, als Väter ihren Kindern begleitende Mentoren zu sein, Väter zum Anfassen, denen es Spaß macht, mit ihren Kindern zusammen zu sein. Sie könnten an sich neue Qualitäten, menschliche Qualitäten, Lebensqualitäten entdecken und sich dazu entscheiden, ihrer Partnerin einen Teil der Familienverantwortung und -arbeit abzunehmen, und dadurch manch kriselnde Beziehung retten.

Dass sich dies für den Mann und für alle Beteiligten, vor allem ihre Kinder, lohnt, ergab auch die in Psychologie Heute (11/99) beschriebene Männerstudie von Paul M. Zulehner und Rainer Volz. Darin beschreiben sie folgende Kennzeichen der neuen Männer:

– Sie sind partnerschaftlicher in Beruf und Familie.
– Sie sind politisch interessierter und aktiver.
– Sie sehen Erziehungszeiten als persönliche Chance und Bereicherung.

– Sie sind sensibler und kennen sich besser aus in der eigenen Psyche.
– Sie sind toleranter, zum Beispiel gegenüber Homosexuellen und anderen Kulturen.
– Sie sind weniger autoritär und gewaltfreier.
– Sie führen ein zufriedeneres Sexualleben als traditionelle Männer.

Sollten Männer weiterhin nicht die kleinste Veränderungsbereitschaft signalisieren, dann holen wir sie dort ab, wo sie sind. Sprich durch Mami-Drohungen das Kind im Manne an: »Wenn du nicht sofort aus deinem Kinderzimmer kommst, wirst du früher sterben und bis dahin hast du weniger guten Sex!« Das hilft garantiert!

Die Hoffnungsträger

»Mein Mann ist ein toller Vater und er ist für mich da – aber ich bin trotzdem die Einzige, die daran denkt, Klopapier zu kaufen.«

Susan Sarandon, Schauspielerin

Metromänner – zu schön, um wahr zu sein!

Seit einigen Jahren geistert eine verblüffende Neuerscheinung durch Trendmagazine und Marketingstrategien: der Metromann. Für diejenigen, die diesem Wunderwesen noch nicht begegnet sind, weil sie das Pech haben, statt in London in Itzehoe zu wohnen, sei erklärt, dass der Metromann keinesfalls etwas mit französischen U-Bahn-Fahrern zu tun hat. »Metro« steht für Metropolen – die Rede ist von der Spezies der Großstadtmänner. Hier, in den angesagten Szenemetropolen, sollen sich laut Umfragen schon 20 Prozent der Männer zu der Gattung der metrosexuellen Männer bekennen, die körperbewusst, gepflegt und keinesfalls schwul sind. Stilikone dieser Bewegung Richtung Neu-Mann ist sexy David Beckham. Der Starfußballer, der garantiert kein verkappter Schwuler ist, setzte an der Seite seiner Frau, Spice-Girl Victoria, ein Fanal, indem er sich gleichberechtigt in Good-looking-, Empathie- und Styling-Avantgarde zeigt.
Über diesen Traummann in der Ödnis männlicher Modemuffel schreiben sich hoffnungsvolle Feuilletonistinnen

in Lifestylemagazinen die Finger wund und lassen uns kaum glauben, was wir sehen: statt behaarter Transpiratoren glatte Adonisse, die ohne Hemmungen ihre weibliche Seite ausleben und selbstbewusst pendeln zwischen Muskeln und Make-up.
Metros wollen gepflegt sein. Sie rasieren sich nicht nur die Brust-, sondern auch die Achselhaare (!), reden mit Frauen über die neuesten Anti-Aging-Masken, benutzen farblosen Nagellack, nehmen auch schon mal unsere Wimperntusche, wenn sie die ihre gerade nicht dabeihaben, und lassen sich bei Douglas ein dezentes Make-up empfehlen. Im Gegensatz zu den Normalos, die verunsichert zwischen Tradition und Moderne taumeln, sichern sich die metrosexuellen Männer mit dem Kajalstift in der Hand einen begehrten Platz in unseren Herzen und bei unserem Lieblingsfriseur.
Diese Hoffnungsträger einer verheißungsvollen Zukunft für Küche, Kind und Karriere gehören zu den gut verdienenden städtischen Trendsettern, die ihr Geld für Kleidung, Kosmetika und Wohnungseinrichtung ausgeben, die nicht nur ihr Auto waschen, sondern auch sich selbst. Grund zum Jubeln bei uns und in der Kosmetikbranche. Der Umsatz von Hautpflegemitteln für Männer hat um 44 Prozent zugenommen und die Tendenz ist steigend. Genauso begeistert über diesen Trend sind die Schönheitschirurgen: Jeder fünfte Patient, der sich die Nase korrigieren oder den Bauch absaugen lässt, ist ein Mann. Doch es kommt noch besser: Diese Männer haben – man hält es kaum für möglich – auch innere Werte; Gleichberechtigung ist für den metrosexuellen Mann keine Frage mehr, eine Frau als Chefin kein Problem, die Berufstätigkeit seiner Gattin selbstverständlich und es ist für ihn völlig

natürlich, seinen Kindern ein liebevoller und aufmerksamer Vater zu sein! Wow!
Wir Frauen haben diesen Typus Mann schon immer geliebt, nur leider war er für unsere Bett- und Kinderwünsche verloren: unser schwuler Freund. Darum können wir es jetzt kaum fassen, dass dieser umwerfend gut aussehende Typ, der nicht nur ein gepflegtes Äußeres, sondern auch eine geschmackvolle Wohnung und gute Manieren hat, mit dem wir über alles reden können, der uns versteht, uns als Frau tatsächlich begehrt, sogar bereit ist, der Vater unserer gemeinsamen Kinder zu werden! Was ist geschehen?
Wieso sind diese Männer plötzlich so gewillt, auch ihre weiblichen Seiten auszuleben? Hetero-Dandys oder der Mann der Zukunft? Vielleicht hat die so unbekümmerte Zurschaustellung und massive Öffentlichkeit der stylischen Schwulenszene auch für Heteros den Durchbruch ermöglicht, ernst genommen zu werden – auch ohne Körpergeruch und Oberlippenbart. Behaarte Machos mögen ihr niedriges Testergebnis im Produktvergleich zum Metro noch mit »milchgesichtiger Barbiepuppen-Ken« abwehren und mit ihrem altmodischen Aufmerksamkeitsdefizit nicht bemerken, dass der Metro ebenfalls ein Macho ist, nur »better looking«! Der Metrosexuelle ist ein Mann, der nicht nur seine Männlichkeit demonstrativ zur Schau stellt, sondern auch ohne Scheu seine Empathie und, wie der Londoner Koch-Guru Jamie Oliver, den Spaß in der Küche!
So kann der glatt rasierte Metro sich des Beifalls von Frauen sicher sein, wenn er mit manikürten Fingern den Cromagnonmann ganz lässig in die Annalen der Geschichte zurückschiebt. Und mit ihm hoffentlich auch

seine Urenkel, die ehemaligen linken WG-Bewohner mit Waschphobie oder den Softie in Latzhosen. Beide Gattungen legten selten Wert auf Gepflegtheit, sondern auf Kleidung, die ihre Sinneshaltung und politischen Standpunkte eindeutig demonstrieren sollte. Zu dieser Kleiderordnung gehörte eigentümlicherweise in erster Linie und bewusstseinsübergreifend der unausrottbare Gestank von Schweißfüßen.
Darum steht außer Frage, dass der Trend des gepflegten Mannes bei Frauen ankommt, und wir stellen erleichtert fest, er hat auch längst die Chefetagen und sogar den Bundestag erreicht.
Sollte sich die Bewegung des metrosexuellen Mannes zu einer anerkannten gesellschaftlichen Rolle etablieren, steht zu befürchten, dass einige von uns unbefriedigt auf der Strecke bleiben. Es kursiert das Gerücht, dass es tatsächlich Frauen geben soll, die es sexy finden, sich beim Beischlaf in den Rückenhaaren eines Cromagnonmannes festzukrallen. Doch vielleicht war die Bedauernswerte zu allem bereit, nur um ihrem sexuellen Notstand zu entkommen.
Weibliche Auswahlkriterien führten einst dazu, dass nicht nur der Hahn sich in die Federn werfen musste, damit ein Huhn nach ihm krähte, auch hätte kein Buntspecht je die Chance gehabt, eine farblose Buntspechtin abzubekommen, wenn er nicht alles drangegeben hätte, sich ihr in einem makellosen Outfit zu präsentieren. Bei Mundgeruch und ungepflegtem Gefieder fielen unsere männlichen Vorfahren durch den Vaterschaftstest gebärfähiger Weibchen und wurden, ehe sie sich versahen, zu Omega-Hühnern der Evolution. Irgendwann ist irgendetwas schief gelaufen, plötzlich mussten sich blutjunge bildschöne Frauen schmü-

cken und schminken, wenn sie von einem uralten, schon leicht müffelnden Greis in den Stand einer Versorgungsehe geführt werden wollten. Das ist nun hoffentlich, zumindest in zivilisierten Zonen, vorbei, trotzdem ist sicherlich verständlich, dass wir Frauen mit unserer Freude über den metrosexuellen Mann etwas zurückhaltend sind und mit skeptischer Distanz das Durchhaltevermögen dieser Bewegung beobachten. Schließlich haben wir in den Tausenden von Jahren unserer gemeinsamen Geschichte – vom Augen-Make-up der alten Ägypter bis zum Rokoko-Schönheitspflästerchen betuchter Grafen – des Öfteren erlebt, dass Männer uns glauben machen wollten, dass ihre äußere Aufmachung auch mit ihrer inneren Aufgeschlossenheit einhergeht.
So lasst uns abwarten, ob dieser Trend nicht nur mit polierten Fingernägeln, sondern auch mit Verantwortlichkeit, Zuverlässigkeit und Anwesenheit glänzt – es wäre doch zu schön!

Metrofrauen

Auch wenn der neue Mann eine zwar hoffnungsvolle, in ländlichen Gebieten jedoch eher zaghafte Erscheinung ist, zeigt sich Morgenröte am Beziehungshimmel: Es gibt offensichtlich die neue Frau!
Jedenfalls tut sich etwas bei der Generation der 20-Jährigen. Als eine 26-jährige Frau von einer Reise zurückkommt, erfährt sie, dass ihr Freund mit einer anderen Frau geschlafen hat. Wütend stellt sie ihn zur Rede, worauf er sich empört verteidigt: »Warum reagierst du so sauer, dabei solltest du dich freuen, denn jetzt weiß ich

endlich genau, dass du die Richtige für mich bist! Daraufhin erwidert sie ihm klipp und klar, sie könne auf einen Mann verzichten, der sich erst durch die Betten bumsen müsse, um feststellen zu können, ob er sie liebe oder nicht! Und unsere Hoffnungsträgerin verlässt ihn auf der Stelle!

Obendrein bringt diese Generation junger Frauen eine genaue Vorstellung von dem Mann mit, mit dem sie eine Familie gründen will. Diese Frauen schicken sogar sexy Mr. Right in die Wüste, wenn er ihrer Vatertauglichkeitsprüfung nicht standhält. Sie sind gut ausgebildet, im Berufsleben erfolgreich und wissen, was sie wollen! Und was sie bei Männern nicht wollen, dafür haben sie aus ihrer Kindheit eindeutige Erfahrungen mitgebracht: Humorlosigkeit, Egozentrik, Dominanzgebaren, Narzissmus, Konfliktscheue, Langweiligkeit, Kritikunfähigkeit, Unverbindlichkeit, Verantwortungslosigkeit und Abwesenheit.

Viele dieser jungen Frauen sind als Scheidungskinder bei starken und traurigen Müttern aufgewachsen, elterliche Ehen waren Wegwerfbeziehungen, der Vater schaute nur mal gelegentlich und unverbindlich in ihrem Leben vorbei. Auch diese Generation schwor sich, auf gar keinen Fall wie ihre Mütter zu werden: beziehungslos und überfordert. Sie träumen von einer guten Partnerschaft und wünschen sich eine Beziehung, die ein Leben lang hält (83 Prozent!), auch wenn sie selbst nie erlebt haben, was das bedeutet. Aufgeklärte junge Frauen, in deren Handtaschen neben ihren Handys die Kondome griffbereit liegen, haben Poesiealbenphantasien von Mr. Right. Doch im Gegensatz zu ihrer Mutter nehmen sie sich keine Kröte zum Gemahl, um dann lebenslänglich zu versuchen, aus ihm einen Prinzen zu machen. Die 20-Jährigen stellen klare Bewerbungsrichtlinien für den Eintritt in ihre Herzen und ihre Betten auf: Achtung, Nähe, Aufrichtigkeit, Selbstbewusstsein, Ehrlichkeit, Verbindlichkeit, Respekt.

Bedauerlicherweise scheitern immer noch die meisten jungen Männer an diesen Testbedingungen. Es sind nur wenig Traummänner in Sicht, nur junge Männer, die oftmals ebenfalls Scheidungskinder waren. Auch sie gehören zu der Generation, deren Väter meist abwesend waren, die bei omnipotenten und unglücklichen Müttern aufgewachsen sind und nun den Nachschub für das Heer der verwirrten, orientierungslosen Näheflüchter bilden. Zwar haben deren Mütter ihnen Respekt vor weiblichen Leistungen beigebracht und dass Hemdenbügeln und Kloputzen zum menschlichen Leben dazugehören; was sie aber genauso wenig wie die jungen Frauen lernen konnten, war der Alltag zwischen Mann und Frau. Der ganz normale Wahnsinn und das ganz besondere Glück einer Ehe, die Erfahrung der Gemeinsamkeit und die Fähigkeit, Probleme, Konflikte, Enttäuschungen als Herausforderungen anzunehmen und nicht vor ihnen ins Kinderparadies der Verantwortungslosigkeit zu fliehen, wie einst ihre Väter.

So treffen junge Männer auf junge Frauen, beide mit dem gleichen Defizit an positiven Beziehungserfahrungen im Gepäck. Das Desaster ist vorprogrammiert. Vielleicht schwingt auch aus diesem Grund in den Aussagen dieser Frauengeneration über den Partner ein Grundton der Ratlosigkeit und Verzweiflung mit. Deshalb schnürt auch diese Generation ihr Bündel, legt eine Flasche Prosecco dazu und stöckelt auf High-Heels durch das Jammertal zur Klagemauer, wo sie sich mit ihren Freundinnen treffen, um sich die alten, neuen Geschichten zu erzählen, von 26-jährigen Männern, deren Lieblingsladen der Baumarkt ist, die ständig etwas versprechen, weil sie meinen, dass die Absicht schon die Tat ist, von Schuhen, die tagelang im Flur stehen, von liegen gelassenen Socken, von Männern, die für jede Bagatelle gelobt werden wollen, die es toll finden, wenn ihre Freundinnen selbstbewusst sind, aber doch bitte nicht ihnen gegenüber, die harmoniebedürftig bis zur Schmerzgrenze sind und bei einer lächerlichen kritischen Anmerkung gleich die ganze Beziehung in Frage gestellt sehen, nach dem Motto: Mein Hemd ist falsch, die Beziehung ist falsch! 26-jährige Männer, die zum Generalisieren neigen, um sich nicht mit ihren Partnerinnen auseinander setzen zu müssen, die grundsätzlich den Weg des geringsten Widerstands gehen, sich aus dem Leben nur die Rosinen herauspicken und aufgrund ihrer Mutterbindung jede Forderung ihrer Freundinnen als Einschränkung der eigenen Freiheit empfinden, aber auf keinen Fall Müttersöhnchen sein wollen.

Franziska, 24:

»Als er einmal zu mir Mama sagte, war der Ofen aus!«

Die Töchter der Emanzipation stellen stolz fest, dass Frauen sich verändert haben, und fordern von ihren Partnern klipp und klar ein, darauf zu reagieren. Und die Söhne der starken, emanzipierten Mütter? Sie verachten schwache Frauen, denn vor diesen haben sie keinen Respekt. Trotzdem oder gerade deswegen überlassen sie die lästigen

Dinge ihres Lebens auch weiterhin genau diesen Frauen. Die Beziehungsarbeit liegt bei 20-Jährigen ebenso in den Händen der Frau wie einst bei ihren Müttern und Großmüttern. Und gegen jedes Wissen und gegen jede Vernunft versuchen auch sie, die Partner aus ihrer Unverbindlichkeit »herauszulieben« – viel Spaß in Absurdistan!

Und nun?

Wir wissen jetzt, dass unsere abwesenden Männer ein heftiges Problem haben und heimlich dabei sind, sich aus Rambo, Gefühlen und Verbindlichkeit eine neue Identität zu basteln, die den Anforderungen des dritten Jahrtausends genauso gerecht werden soll wie den Ansprüchen ihrer Frauen. Keine beneidenswerte Aufgabe, schwierig noch dazu und bei dem Tempo, mit dem sie anderes erledigen, wie zum Beispiel Flaschen entsorgen, kann sich das Ganze hinziehen. Und was machen wir während dieser paar hundert Jahre Übergangszeit? Geduldig auf bessere Zeiten warten oder zurück zum Jammern an die Klagemauer, wo wir uns wie gehabt in die Probleme anderer stürzen können, um den eigenen auszuweichen? Nein, es ist an der Zeit, das Jammertal endgültig zu verlassen, zu handeln, tätig zu sein, aktiv, nicht reaktiv, und die Verantwortung für uns selbst zu übernehmen.
Wir können dabei auf eine Jahrtausende alte Ausbildung als Spezialistinnen in sozialer Kompetenz zurückgreifen, eine Errungenschaft, die Männer sich in Zukunft hart erarbeiten müssen. Auch unsere Furchtlosigkeit hat Vorbildcharakter, denn Frauen erproben mutig Neuland: Empathie und Karriere, Weiblichkeit und Durchsetzung, Dis-

tanz und Nähe. Während unsere Männer, um ihre Entfaltung zu trainieren, vor ihren Computern sitzen und »Myst« spielen, halten wir nach konkreten Handlungsanweisungen Ausschau.
Wer jetzt Ratschläge von mir erwartet, den muss ich enttäuschen, was ich geben kann, sind nur ein paar selbst erprobte Do-it-yourself-Tipps für kleine und große Schritte in Richtung innere Freiheit, ohne Garantie für Erleuchtungsofort! Dabei ist entscheidend, nie zu vergessen, dass wir selten von denjenigen mit Unterstützung oder gar Lob oder Anerkennung rechnen können, die uns aufgrund unserer alten Verhaltensweisen erwählt haben. Das alleine mag Frauen in Aufbruchstimmung schon frustrieren – doch der größte Verhinderer sitzt nicht etwa im Fernsehsessel neben uns, sondern in unserem eigenen Kopf: Veränderungen machen Angst. Das gilt es zu akzeptieren und dann tief Luft zu holen und sich auf den Weg zu machen:
1. Schritt: Akzeptiere die Dinge, vor allem den Mann an deiner Seite, so, wie sie sind, und nicht so, wie du sie gerne hättest.
2. Schritt: Tue nichts für einen anderen, was er problemlos selbst tun kann. Je mehr du für einen anderen tust, desto weniger tut er für sich selbst!
3. Schritt: Hör sofort damit auf, alles perfekt machen zu wollen!
4. Schritt: Hör außerdem sofort damit auf, dich für alles verantwortlich zu fühlen!
5. Schritt: Frag dich, was du tun kannst, um dich wohl zu fühlen!
6. Schritt: Der Durchbruch: Nein sagen.
Das kleine Wort nein ist oftmals der große Lebensretter für Frauen. Dein »nein« setzt Grenzen. Nur durch Gren-

zen, die wir setzen, wissen wir, wo ICH aufhöre und DU beginnst.
Frauen haben ein tiefes Bedürfnis nach Verbundenheit, die der männlichen Abgrenzung gegenübersteht. Die Vermeidung von Abgrenzung, unser Ja und Amen zu allem und jedem, halten wir für die Garantie, die uns vor Ausgrenzung, vor Liebesentzug bewahrt. Grenzen zu setzen haben wir nicht gelernt, als Töchter, als Frauen, als Partnerinnen, als Mütter – immer war Symbiose unser Ziel, unsere Bestimmung. Das Nein ist neu. Wir fürchten, dass die anderen uns für Egomaninnen halten, uns ablehnen, wenn wir für uns und für unser Wohl eintreten und dafür Grenzen setzen. Es ist sehr ungewohnt, sich die Erlaubnis zu geben, eine absolut gesunde Reaktion zu zeigen und mit einem »Nein, nicht mit mir!« auf uns krank machende Umstände und Menschen zu reagieren.
So lerne, nein zu sagen! Klar, laut, deutlich, am besten dreimal täglich, ohne nach Risiken oder Nebenwirkungen Ausschau zu halten, und frage weder deinen Mann noch deinen Arzt oder Apotheker. Und das Allerwichtigste: ohne Rechtfertigung! Keine Erklärung, warum, weshalb, wieso! Jede Rechtfertigung ist ein Schulterschluss mit deinem vertrauten Schuldgefühl und wird von deinem Gegenüber – dem Mann – gnadenlos auseinander genommen und zerpflückt, sodass du gezwungen bist, dich immer mehr zu erklären, zu rechtfertigen, und ich garantiere dir, du wirst dich am Ende schlecht, ungerecht behandelt usw., usw. fühlen! Also, erstes Gebot: Sage nein und kein Wort mehr!
Nach dem gründlichsten Hausputz unseres Lebens, nachdem wir uns von allen nicht förderlichen Umständen befreit haben, können wir endlich mit den »Ja-ich-will«-Sätzen beginnen.

Mit all diesen Übungsschritten sind wir neben unserer alltäglichen »Work-Life-Balance« mutmaßlich gut beschäftigt. In ein paar hundert Jahren können wir uns dann dem »neuen« Mann stolz als »rundum erneuerte« Frau präsentieren.

Übergangszeiten

Eins steht fest: Wir leben in Übergangszeiten und während Frauen sich schon auf den Weg Richtung Zukunft aufgemacht haben, trödeln die Männer als Nachzügler hinterher.
Fest steht auch, dass wir Frauen inzwischen fast alles können, wozu Männer im Stande sind, mit kleinen Ausnahmen, zum Beispiel den DVD-Rekorder zu programmieren – aber wir arbeiten daran! Doch dieser merkwürdige Planet ist nun mal, warum auch immer, eine duale Welt. Freude und Trauer, Liebe und Angst, Lachen und Weinen, Mann und Frau. Auch wenn sich die Begabungen und Fähigkeiten des und der Einzelnen nicht auf ein geschlechtsspezifisches Grobraster festnageln lassen und Mischformen kreativer Ausdruck des Seins sind, liegt in der gegenseitigen Ergänzung die Lösung. Kinder brauchen Mutter und Vater, damit sie sich an einem vollkommenen Bild menschlicher Möglichkeiten und menschlichen Ausdrucks orientieren können. Grundvoraussetzung dazu ist die emotionale Anwesenheit beider Elternteile und deren Humanität und Integrität. Ein 20-jähriger Vater auf die Frage, ob sein einjähriger Sohn schon Mama und Papa sagen könnte: »Er kann nur Mama sagen, aber er sagt es zu meiner Frau und zu mir!«

Abwesenheit ist nicht nur eine Zustandsbeschreibung von Männern, sondern auch von Frauen. Wir alle sehen uns immer mehr aus bestehenden Lebensvorgaben gelöst und haben Angst, zunehmend für uns selbst verantwortlich zu sein und damit auch dafür, uns wohl zu fühlen und glücklich zu sein.

Die Abwesenheit von Regeln, Richtlinien, Vorgaben, Rollenbildern zwingt uns Menschen dazu, uns selbst Werte zu setzen und Würde zu geben. Das Zeitalter der Kindheit ist unwiderruflich vorbei, weder Mama und Papa noch mächtige Götter können wir zu Hilfe rufen, damit sie unser Leben aufräumen, unsere schmutzige Wäsche waschen und uns unsere Entscheidungen abnehmen. Wir – und mit uns die Gesellschaft – werden erwachsen und sind auf dem schwierigen Weg zu unserem selbstbestimmten Dasein. Pubertäre Zeiten sind stürmische Zeiten und wie Pubertierende schwanken wir zwischen Größenphantasien und Minderwertigkeitsgefühlen, wie auch zwischen Ablösung und Rückzug, Nähe und Distanz. Die Folge: mangelnde Kompromissfähigkeit und verstärkte Unsicherheit, nicht nur im persönlichen Erleben, sondern auch in der Gesellschaft im Allgemeinen, leicht erkennbar in den Nachrichtensendungen des Tages.

Renate Ratlos

»Der Irrtum ist eine genauso wichtige Bedingung für Fortschreiten im Leben wie die Wahrheit.«

C. G. Jung

An diesem Punkt stellt sich mir die Frage: Womit soll ich enden? Nach der Beschreibung des Tatbestands, nach der Spurensuche nach den Motiven, nach dem Ausblick auf die Hoffnungsträger stellen Sie sich zu Recht die schlichte Frage: »Was fang ich nun mit dem Ganzen an?« Erwarten Sie praktische Ratschläge in Richtung Beziehungsmanagement oder ein paar sinnfördernde Allgemeinplätze zum Seelenkuscheln oder ein paar Sätze nach dem Motto Leicht & Locker zum Schluss? Ich war etwas ratlos, bis mir klar wurde, dass meine Ratlosigkeit genau der heutigen Realität entspricht: der Abwesenheit von gültigen Ratschlägen für alle. Statt andere bereitwillig zu Autoritäten zu machen, weil wir uns verzweifelt nach klaren und deutlichen Antworten auf unsere Fragen sehnen, können wir die Chance der Wahl nutzen. Wir befinden uns alle in einer Experimentierphase, Männer wie Frauen, und ratlos ist richtig! Ratlosigkeit schafft den Raum für Neues, für Experimente, Versuche, Misserfolge und Erfolge, sie verbannt die Abhängigkeit aus unserem Leben. So können wir selbst entdecken, was wir wirklich sind und wer wir sein wollen. Aus diesem Grund schreibe ich drei verschiedene Schlussvarianten für dieses Buch, Sie können sich aussuchen, welcher für Sie richtig ist, ich weiß es jedenfalls nicht.

1. Schluss: Positives Beziehungsmanagement

Ganze Heerscharen von Wissenschaftlern haben nicht locker gelassen, die ultimativen Regeln für gute Beziehungen aufzustellen. Grundvoraussetzung ist es, wie schon erwähnt, die Dinge und Menschen so anzunehmen, wie sie sind und nicht, wie wir sie gerne haben möchten. Weg von der Sichtweise des Mangels: »Warum ist er nicht so, wie ich es will?«, sondern hin zur »So ist es«-Realität.

Und so ist ER: Kuschelpapi, Macho, Nestflüchter, Bestimmer, Dominator, Geliebter, Liebhaber, Familienflüchtling, Weltmeister der leeren Versprechungen, bester Freund, alter Mann, neuer Mann, verwirrter Mann, abwesender Mann und Hoffnungsträger. Was machen wir nun mit ihm? Am besten gar nichts! Doch wir können selbst etwas beitragen: Es würde nicht nur unseren Partner, sondern auch uns befreien, wenn wir ihn aus dem lebenslangen Testprogramm »Produktvergleiche« entließen. Es wird immer einen Besseren, Klügeren, Netteren geben als ihn und es wird immer eine Bessere, Klügere, Nettere geben als uns. Aber anstatt unser Leben in feindlichen Warteschleifen zu verbringen, könnten wir uns auf unsere jetzige Beziehung einlassen, auf den Mann an unserer Seite und auf uns selbst.

»Es gibt kein Problem, das nicht gleichzeitig ein Geschenk für dich mit sich brächte.« (Ein Kurs in Wundern)

Das Geschenk könnte sein:

– mehr Akzeptanz und weniger Ansprüche an den Partner;

Akzeptanz des Partners in seiner Andersartigkeit ist das Zaubermittel für »gute« Beziehungen. Mann und Frau sind dann in der Lage, sich ohne Angst dem anderen gegenüber zu öffnen, sich gegenseitig nicht nur die »guten«, sondern auch die »schlechten« Seiten anzuvertrauen und die Eigenarten und Begabungen des Partners als eine Chance zu sehen, sich gegenseitig zu ergänzen und die eigene Einseitigkeit auszugleichen.

– Mitgefühl, mehr Verständnis, weniger Vorwürfe;
durch die Erkenntnis und das Verständnis der wahren Motive, die hinter seinem Verhalten verborgen sind, könnten wir statt Kritik zu äußern Anteilnahme empfinden.

– Klarstellung und Verhandlung unterschiedlicher Bedürfnisse;
Männer haben Recht, indem sie behaupten, dass sie nicht wissen können, was wir uns wünschen, denn sie besitzen im Gegensatz zu uns keine Fähigkeiten in Telepathie. Aus diesem Grund müssen Frauen klar und deutlich sagen, was sie wollen! Wenn dies nicht den Vorstellungen des Partners entspricht, dann müssen sie in Verhandlungen miteinander treten, die eine abwechselnde Gewinnerposition ermöglichen.

Diesem Konfliktmanagement fehlt nach meiner Meinung allerdings noch etwas ganz Entscheidendes: die Liebe.

> *»Was gibt ein Mensch dem anderen? Er gibt etwas von sich selbst, vom Kostbarsten, was er besitzt, er gibt etwas von seinem Leben (...) er gibt ihm etwas von seiner Freude, von seinem Interesse, von seinem Verständnis, von seinem Wissen, von seinem Humor, von seiner Traurigkeit – von allem, was in ihm lebendig ist.«*
>
> Erich Fromm (»Die Kunst des Liebens«)

2. Schluss: Sinnfindung

Vielleicht nutzen Männer, denen die Evolution alle Vorschriften für das Mann-Sein weggenommen hat, die Chance, Neues zu wagen: eine neue Männlichkeit, die sich ausdrückt in Menschlichkeit und der Freude, Neues auszuprobieren; die Bereitschaft, Fehler zu machen, um daraus zu lernen; Herausforderungen anzunehmen, neue Wege zu gehen; den Willen zu haben, hart an sich zu arbeiten, Unmögliches auszuprobieren; die Furchtlosigkeit zu entwickeln, sich allen Gefühlen zu öffnen: Freude und Schmerz, Angst und Liebe; verdrängte Gefühle von Verlassenheit, von Hilflosigkeit, von Scham und Wut zuzulassen; den Mut zu besitzen, sich zum Narren zu machen, Schwächen zuzugeben und Stärken anzuerkennen, um alle Anlagen in sich zur Entfaltung zu bringen; sich auf seinen Selbstwert und seine Würde zurückzubesinnen und die Freude, ein menschliches Herz zu haben.

Unsere persönliche Entwicklung ist nicht von der gesellschaftlichen zu trennen, doch die gesellschaftliche auch nicht von unserer persönlichen. So gilt die Regel: Wir müssen bei uns selbst anfangen, denn wir sind die Einzigen, die die Macht zu unserer Veränderung haben. Nicht nur die Männer, sondern auch wir Frauen müssen aufhören, außerhalb von uns nach all dem zu suchen, was wir so schmerzlich vermissen. Wir müssen die Selbstverantwortung übernehmen und unsere eigentlichen Fähigkeiten und Kompetenzen – unser wahres Selbst – wieder zum Leben erwecken.

Dann werden wir allmählich aufhören, unser Glück von »jemandem da draußen« zu erwarten und sind weniger abhängig davon, gelobt und geliebt zu werden, da wir uns selbst die Achtung, die Wertschätzung und die Liebe geben können, die wir damals so vergeblich von unseren Eltern und jetzt von unseren Männern erwarten. Wenn wir uns selbst die gute Mutter und der gute Vater sind, sind wir endlich zu Hause.

3. Schluss: Leicht & Locker

Warum sollte der abwesende Mann aus seinem Kinderzimmer, das ihm vertraut und lieb geworden ist, herauskommen? Es gibt nur einen Grund: weil draußen sein aufregendes, wildes, wundervolles, leidenschaftliches, einzigartiges, einmaliges Leben auf ihn wartet – sonst gibt es keinen Grund! Außer, dass er dort obendrein mehr guten Sex haben wird.
Und zum Abschluss sowie zum Anfang:

»Dies ist, glaube ich,
die Fundamentalregel allen Seins:
Das Leben ist gar nicht so.
Es ist ganz anders.«

Kurt Tucholsky (»Zwischen Gestern und Morgen«)

Dank

Für ihre Unterstützung, ihre Geschichten und ihre Kompetenz, ohne die das Buch nicht das geworden wäre, was es ist, danke ich:

Agnes, Alice, Angela, Angelika, Anke, Anette, Anne, Astrid, Baharak, Barbara, Brigitte, Brigitte, Cheryl, Christa, Christine, Claudia, Clarissa, Edit, Elke, Eva, Gilla, Gisela, Gitte, Gudrun, Heike, Irena, Irene, Iris, Janne, Jo-Ann, Julia, Jutta, Karin, Katharina, Kerstin, Lara, Luise, Maren, Marion, Meike, Miriam, Monika, Ullrike, Ute, Renate, Sabine, Sabine, Sascha, Silke, Sonja, Sue, Susanne, Susie, Traute, Verena, Veronika, Vanessa, Yola.

und für seine Liebe
meinem Mann Wolfram.

Literatur

Benard, Cheryl und Schlaffer, Edit: *Männer. Eine Gebrauchsanweisung für Frauen*, Reinbek bei Hamburg 1988.

Benard, Cheryl und Schlaffer, Edit: *Rückwärts und auf Stöckelschuhen ... können Frauen so viel wie Männer*, Köln 1989.

Benard, Cheryl und Schlaffer, Edit: *Sagt uns, wo die Väter sind. Von Arbeitssucht und Fahnenflucht des zweiten Elternteils*, Reinbek bei Hamburg 1991.

Benard, Cheryl und Schlaffer, Edit: *Ohne uns seid ihr nichts. Was Frauen für Männer bedeuten*, München 1992.

Bepko, Claudia und Krestan, Jo-Ann: *Das Superfrauen-Syndrom. Vom weiblichen Zwang, es allen recht zu machen*, Frankfurt am Main 1991.

Bly, Robert: *Eisenhans. Ein Buch über Männer*, München 1991.

Bradshaw, John: *Familiengeheimnisse. Warum es sich lohnt, ihnen auf die Spur zu kommen*, München 1997.

Campbell, Joseph: *Die Kraft der Mythen. Bilder der Seele im Leben des Menschen*, Düsseldorf/Zürich 1994.

Campbell, Joseph: *Das bist du. Die spirituelle Bedeutung biblischer Geschichten, Wunder und Gleichnisse*, München 2002.

Ehrhardt, Ute: *Gute Mädchen kommen in den Himmel, böse überall hin. Warum Bravsein uns nicht weiterbringt*, Frankfurt am Main 1994.

Eichenbaum, Luise und Orbach, Susie: *Was wollen die Frauen? Ein psychotherapeutischer Führer durch das Labyrinth von Wünschen, Ängsten und Sehnsüchten in Liebesdingen*, Reinbek bei Hamburg 1986.

Ein Kurs in Wundern, Gutach im Breisgau 1990.

Estes, Clarissa Pinkola: *Die Wolfsfrau. Die Kraft der weiblichen Urinstinkte*, München 1993.

Fromm, Erich: *Die Kunst des Liebens*, Berlin 1999.

Fromm, Erich: *Die Revolution der Hoffnung. Für eine Humanisierung der Technik*, Stuttgart 1971.
Fromm, Erich: *Die Furcht vor der Freiheit*, Stuttgart 1980.
Gruen, Arno: *Der Verrat am Selbst. Die Angst vor der Autonomie bei Mann und Frau*, München 1986.
Heller, Joseph: *Weiß Gott*, München 1987.
Jenckel, Ingrid und Voß, Angela: *Böse Männer kommen in jedes Bett. Abenteuer, Verführung, Risiko – Was Frauen fasziniert*, München 2000.
Kast, Verena: *Der schöpferische Sprung. Vom therapeutischen Umgang mit Krisen*, Olten 1987.
Kast, Verena: *Die beste Freundin. Was Frauen aneinander haben*, Stuttgart 1992.
Kast, Verena: *Wir sind immer unterwegs. Gedanken zur Individuation*, Zürich/Düsseldorf 1997.
Kast, Verena: *Der Abschied von der Opferrolle. Das eigene Leben leben*, Freiburg im Breisgau 1998.
Kast, Verena: *Der Schatten in uns. Die subversive Lebenskraft*, Düsseldorf/Zürich 1999.
King, Serge Kahili: *Der Stadtschamane*, Freiburg im Breisgau 1997.
Lerner, Harriet: *Wohin mit meiner Wut? Neue Beziehungsmuster für Frauen*, Zürich 1987.
Markova, Dawna: *Die Versöhnung mit dem inneren Feind. Heilung durch Annehmen und Integration*, Paderborn 1997.
Marone, Nicky: *Gute Väter, selbstbewusste Töchter. Die Bedeutung des Vaters für die Erziehung*, Frankfurt am Main 1992.
Miller, Alice: *Das Drama des begabten Kindes und die Suche nach dem wahren Selbst*, Frankfurt am Main 1979.
Miller, Alice: *Am Anfang war Erziehung*, Frankfurt am Main 1980.
Miller, Alice: *Der gemiedene Schlüssel*, Frankfurt am Main 1988.
Monbourquette, Jean: *Umarme deinen Schatten. Negative Energien in positive verwandeln*, Freiburg im Breisgau 2001.
Mountain Dreamer, Oriah: *Die Einladung*, München 2000.
Onken, Julia: Vatermänner. *Ein Bericht über die Vater-Tochter-Beziehung und ihren Einfluss auf die Partnerschaft*, München 1993.

Onken, Julia: *Herrin im eigenen Haus. Weshalb Frauen ihr Selbstbewusstsein verlieren und wie sie es zurückgewinnen*, München 2001.
Petri, Horst: Das Drama der Vaterentbehrung. Chaos der Gefühle – Kräfte der Heilung, Freiburg im Breisgau 1999.
Pierrakos, Eva: *Der Pfad der Wandlung*, Essen 1994.
Roth, Gabrielle: *Leben ist Bewegung. Fünf radikale Wege zur Selbstbefreiung*, München 1998.
Roth, Gabrielle: *Totem. Gelebter Schamanismus*, München 1999.
Schaef, Anne Wilson: *Weibliche Wirklichkeit. Frauen in der Männerwelt*, München 1985.
Schmidbauer, Wolfgang: *Die Angst vor der Nähe*, Reinbek bei Hamburg 1985.
Schmidbauer, Wolfgang: *»Ich wusste nie, was mit Vater ist.« Das Trauma des Krieges*, Reinbek bei Hamburg 1998.
Sheldrake, Rupert: *Das Gedächtnis der Natur. Das Geheimnis der Entstehung der Formen in der Natur*, Bern/München/Wien 1992.
Tannen, Deborah: *Du kannst mich einfach nicht verstehen*, München 1998.
Thoele, Sue Patton: *Bis hierhin und nicht weiter. Wie Frauen lernen sich selbst zu behaupten*, München 1993.
Trobe, Dr. Thomas und Trobe, Gitte Demant: *Vertrauen ist gut, Selbstvertrauen ist besser. Wege aus der Enttäuschungsfalle*, Köln 2004
Tucholsky, Kurt: *Zwischen Gestern und Morgen*, Hamburg 1952.
Wilber, Ken: *Eros Kosmos Logos. Eine Jahrtausend-Vision*, Frankfurt am Main 1996.
Wilber, Ken: *Eine kurze Geschichte des Kosmos*, Frankfurt am Main 1997.
Williamson, Marianne: *Rückkehr zur Liebe*, München 1993.